U0935281

如何培养孩子的品格

Helping Children Succeed: What Works and Why

[美] 保罗·图赫（Paul Tough） 著
冉利华 译

湖南教育出版社

献给查尔斯，他的人生刚刚开始。

目 录
Contents

1 不良环境

- 贫困孩子在学校里为何困难重重?
- 非认知性技能的重要性
- “好吧，既然我们知道了这一点，我们该怎么办？”

2013 年，美国教育到达了一个转折点。全国公立学校中大多数学生（确切地说，是 51% 的学生）的家庭达不到联邦政府的“低收入”门槛，这意味着这些学生符合享受学校免费午餐或者午餐补助的条件。这种情况的出现并非一朝一夕所致，据南方教育基金会所编资料显示，自从基金会于 1989 年开始跟踪相关数字以来，美国公立学校中低收入家庭学生的比例就一直在稳步上升。（1989 年符合此定义的学生人数不足三分之一。）超过 50% 这道线就区别而言可能只是象征性的，但其意义却很重大。这意味着在美国教育体系中对低收入家庭孩子的教育问题再也不能被视为一种次要的挑战了。帮助贫困孩子迈向成功现在必然已经成了美国公立学校的重要任务，自然，这也成了美国公众的重要责任。

然而，我们却未能很好地履行这项职责。据美国教育部的统计资料显示，在过去 20 年间，八年级低收入家庭学生与其富裕同学在阅读和数学考试成绩上的差距丝毫未曾缩减。（在那 20 年间四年级的贫困学生与富裕学生之间的成绩差距倒是缩小了，不过也只是一点点而已。）同时，高中高年级富裕与贫困学生在 SAT 成绩上的差距在过去 30 年里实际上还增大了，从 20 世纪 80 年代的 90 分变成了如今的 125 分（满分是 800 分）。富裕学生和贫困学生在大学学位获得率上的差距也急剧扩大了。现如今，除非出身贫困家庭的孩子能够获得大学文凭，否则他们的经济变动性会受到严重限制。在收入最低的五分之一家庭（年收入低于 21500 美元左右）中长大的年轻人如果没有大学文凭的话，那么成年之后只有一半机会逃脱最低经济等级的命运。

尽管在过去 20 年间，消弭富裕学生和贫困学生之间的考试成绩差距已经成为乔治·布什总统“有教无类”（No

Child Left Behind，又译为“不让一个孩子落后”）法案和巴拉克·奥巴马总统“力争上游”（Race to the Top）计划等国家教育政策的中心目标，但这些差距却依然在拉大。政府的这些努力得到了重多非营利组织的支持与补充，这些组织通常是由一些财力雄厚并长期致力于解决教育不平等问题的慈善家所资助的。当然，在这个过程中，这些努力也创造了一些个别的成功案例——有些学校和项目确实对一些低收入学生起了作用——但是对低收入家庭的孩子整体而言却收效甚微或者说全无改善。

这场持续的关于如何消弭差距以及那些差距究竟能否消弭等问题的全国性讨论并不仅仅限于政策制定者与慈善家之中。全国各地的教育工作者、社会工作者、指导教师、儿科医生和家长们都非常了解那些在不良环境中挣扎的孩子们的情形。如果你的工作对象是在贫困中或者其他不利环境下成长的孩子们，你就会知道，他们可能会令老师和其他专业工作者难以接近，难以激发其积极性，难以让其沉静下来，难以与其融洽相处。许多教育工作者克服了这些障碍（至少是对他们的一部分学生）。但是近些年我与其他数百位教师交谈过，工作带给他们的挫败感已经令他们疲惫不堪，甚至已经让他们灰心绝望。

我们中那些力图克服这种种教育差距的人面临着许多障碍——有些是财政上的，有些是政治上的，还有些是官僚体制上的。但是我认为，首要的障碍是观念上的：我们还未完全了解童年不良环境背后的机制。在贫困中长大为什么会给孩子们带来这么多令人不安的结果？或者换一种方式来问这个问题：什么是富裕的成长环境能为孩子们提供而贫困的成长环境却不能提供的？

这些问题是我在十多年的报道中所力图回答的问题。我的第一本书《竭尽所能》（*Whatever It Takes*）主要谈的是哈莱姆儿童教育中心的创始人杰弗里·卡纳达（Geoffrey Canada）的工作情况，探讨了诸如社区如何影响孩子的成长等问题，尤其是在集中贫困的社区生活的经历如何限制了孩子们的发展机会的。我的第二本书《品格的力量》（*How Children Succeed*）从一种不同的视角思考贫困儿童所面临的挑战：他们在童年的成长过程中获得的或未能获得的技巧与能力。

《品格的力量》特别关注的是，当贫困孩子面对挑战时，那些通常被称为非认知或“软”技能的因素——如坚毅、责任心、自我控制能力和乐观精神等品质——所起的作用，以及可以帮助他们走向成功的策略。这些品质，有时也被称为品格的力量，近年来日益引起儿童发展研究者的兴趣并让他们越来越乐观。包括我本人在内的许多人现在相信，它们是帮助改善低收入家庭孩子成长结果的决定性品质。

我们这种信念得到了神经科学和儿科学的部分支持，其中的最新研究表明，恶劣或动荡不定的环境会给婴幼儿的大脑和身体发育造成生理变化。那些变化会妨害有助于孩子们调节其思想感情的那一组重要的心智能力的发展，使得他们日后难以恰当地处理信息、控制情绪，从而获得学业上的成功。

该项神经生物学研究得到了一些长期的心理研究的补充，后者表明，那些表现出某些非认知能力（包括自我控制能力和责任心）的孩子成年之后更有可能会有一些更好的结果。这些心理研究中最详尽的一项跟踪研究了 20 世纪 70 年代早期出生于新西兰但尼丁市的一千名孩子达数十年之久，结果表明，非认知能力较强的孩子们接着完成了更多年头的学业，身体健康状况也更好，他们成为单亲父母、陷入信用问题、蹲监狱的可能性也更小。

自我那本书 2012 年秋天出版以来，这样一种观念，即这些品质是年轻人的发展中非常重要但又常被忽视的一个方面，在不断传播开去，在教育界尤其如此。但是近年来所有关于非认知因素的讨论还很少能就如何最好地帮助年轻人开发这些品质达成一致意见。可以理解，许多教育工作者为此感到非常沮丧。我的书出版之后，我有时会给一些老师或儿童发展专业人士群体做演讲。我会谈到生物学方面有关不良环境的最新研究，并向他们描述我在做报道的过程中所遇到的医生、指导者、教师和孩子们。然后，当我讲完故事，听众们通常会问我同样一个问题：好吧，既然我们已经知道了这一点，那么我们该怎么办？听我演讲的许多教师，其个人感受都能与我这种观念产生共鸣，即非认知技能是保障教育成功的重要因素，对于低收入家庭的学生尤其如此。但是关于做什么以及怎样做才能最有效地为儿童和青少年们开发那些技能，他们无论在我的书中还是在其他任何地方都还未能看到清楚的说明。

因此，2014 年夏天，我决定开始一次新的冒险，对于我在《品格的力量》一书中所谈到的研究进行再次讨论，并将我的报道延伸到新的科学发现、新的教学模式和课堂内外对儿童新的干预方法之上。本书即是这次努力的结果。它旨在为从业人员和政策制定者们提供一种实用指南，令其了解构成这个新兴领域的相关研究。本书试图回答这样一个问题：既然我们知道了这一点，那么我们该怎么办？

2 策 略

- 按比例放大之法带来的问题
- 不同的方法，共同的主线
- 一个自出生开始至高中毕业为止的完整的故事

在开始之前，我想简要地介绍一下我在本书中将努力遵循的一些策略。首先，我得承认，像我这一类书写社会问题的新闻工作者在写作中常常采用这样一种手法，即我们会描述一种特定的干预方式——某个学校、某种教学法、某种课外活动或者某个社区组织，然后或隐或显地想要将其树为别人模仿的榜样。以改善穷人的生活状况为己任的慈善家们和各种基金会通常也会采取类似的做法：他们寻找那些行之有效的项目并且努力将其复制、按比例放大以便使尽可能多的人受益。这种复制策略背后有其充分的理由。先尝试一大堆新事物，从中发现最成功的那一个，然后对其进行巩固与提升，这确实也是科技世界的基本发展范式。聚焦于成功的范例对于记者来说也是一种颇具吸引力的叙述方法，因为人们通常更喜欢阅读那些个人为值得追求的目标而求索的故事，对其产生情感上的共鸣，而不愿意埋头吃力地啃一大堆枯燥乏味的调查研究和统计数据。

但是这种报道方法有其局限性，这种慈善行为也同样如此。按比例放大之法在社会服务与教育领域中不像在科技世界里那样行得通。社会科学文献中充斥着这样一些案例，即一些高质量的小型活动被放大和复制之后，收效似乎变得小多了。聚焦于个人的故事，从叙事方面来说固然令人满意，却也会令我们忽略一个可以说更为重大的问题，即如果这所学校（或幼儿园、导师项目等）有成效，那么它为什么会成功？导致其成功的原则与做法有哪些？

因此本书的目的不是审视各种干预方式以将其树为可供复制的模范项目，而是将其视为某些根本的观念和策略的表现。我的前提是，没有一种活动、一所学校是完美无瑕的，但是每种成功的干预方式中都包含着一些线索，提示我们它为何能成功，又是如何成功的，能让人受到一些启发。我的目标是对自己所写的每一个项目进行提炼并将其核心原则进行说明，然后寻找贯穿于所有项目中的那些共同主线。

那些努力寻求处理弱势儿童问题的策略的人还面临着另一个挑战。至少，在我们这个国家，我们习惯于将童年时期划分为一系列分离的阶段，就像划分服装型号或者公共图书馆通道一样：婴幼儿在这儿，小学生在那儿，青少年全在别的某个地方。无论是研究者，还是倡导者，抑或慈善家、政府官僚机构，总体而言全都如此。以公共政策为例，在联邦的层面上，儿童最早期的教育属于卫生与公共服务部的职权范围，该部儿童和家庭管理处管理着学龄前儿童启蒙项目和其他幼儿教育项目。但是，一个儿童自迈入学前班的第一天起，其教育责任就魔法般地转移到了监督初级和中级教育的教育部头上。州县一级的官僚机构同样也是这样进行划分的，罕有例外，机构中幼儿教育管理者和学校系统的管理者之间很少合作，甚至连相互交流都很少。

这种分工当然是可以理解的。无论对一个政府机构还是一个基金会而言，要想承担整个儿童期的教育，任务都可能看起来过于庞杂，对教师、指导者或社工而言，就更不用说了。但是这种零碎分割的做法可能会让我们发现不了贯穿一个孩子人生不同阶段的那些共同旋律与模式。因此我在本书中打算采用另一种策略：将儿童，尤其是不良环境中长大的儿童的发展历程视为一个连续统一体——一个自出生开始至高中毕业为止的单一而完整的故事。

3 技 能

- 我们能就如何最好地教会学生培养坚毅达成一致意见吗?
- 教品格而不谈品格
- 称之为“教”合适吗?

因为坚毅、好奇心、自控力、乐观精神和自觉性等非认知性品质通常被粗略地描绘成“技能”，那些急于在其学生身上开发这些品质的教育者们很自然地就倾向于将它们与那些我们已经知道如何传授的技能（如阅读、计算、分析等技能）同样对待。随着非认知技能的重要性受到更为广泛的承认，对于一种能指导我们帮助学生开发这些技能的课程、教科书或教学策略的需求也在增长。要是我们能在如何最有效地教授勾股定理这一问题上统一意见，那我们难道就不能在如何最好地教会学生培养坚毅方面也达成一致吗？

然而，实际上，事情并非如此简单。有些学校已经开发了一些教授品格的力量的综合方法，而且在全国各地的课堂上，老师们正在跟学生们更多地谈论坚韧不拔、百折不挠等品质。但是我在《品格的力量》一书里所进行的报道中发现了一种奇怪的矛盾现象：我所遇到的许多看起来最善于培养学生非认知能力的教育者们，却从来没有在课堂上提起过一句关于这些技能的话。

比如我在《品格的力量》中所详细介绍的国际象棋教练伊丽莎白·施皮格尔（Elizabeth Spiegel）。她在318初级中学教国际象棋，该校是布鲁克林一所传统的非磁石公立学校（non-magnet public school），主要招收来自低收入有色人种家庭的学生。正如我在那本书中所描述的，她将318初级中学国际象棋队变成了一支很有竞争力的强队，经常能击败那些更财大气粗的私立学校国际象棋队，并获得全国冠军。看着她工作，我很清楚，她不仅在教学生们国际象棋知识，她也在向他们传递一种归属感、自信心和使命感。她的学生们所掌握的技能中有许多正像是其他教育者称之为品格的东西：学生们坚持不懈地完成困难的任务，克服种种巨大的障碍；他们沉着顽强地应对挫折、损失和失败；他们致力于那些常常看似希望渺茫的长远目标。

然而，在我所观察伊丽莎白·施皮格尔教学的那些时间里，我从来也没有听见她使用过诸如“坚韧不拔”、“品格”或者“自我控制”之类的词语。她跟学生们只谈国际象棋。她实际上甚至都没有对他们讲过什么鼓舞士气的话。相反，她主要的教学方法就是跟学生们认真地分析他们的比赛，坦率而详细地指出他们所犯的错误，帮助他们认识到他们本来还可以怎么做。她对学生行为的仔细而密切的关注，不仅提高了他们的棋艺，而且促成了他们生活方式的改变。

再如拉妮塔·里德（Lanita Reed）。她是我所见过的最善于培养学生品格的力量的老师之一，但她不仅很少谈及品格，而且她根本就不是一名教师。她是一名美发师，自己在芝加哥城南部拥有一间名为“天才汉斯”的发廊。她在一个名为“青少年辅导项目”的组织做兼职导师，该组织受雇于芝加哥学校事务部，为一些被认为极具犯罪危险性或极有可能成为枪支暴力的受害者的学生提供强化的辅导服务。我遇到里德的时候，她正在给一名 17 岁的女孩凯瑟·琼斯做辅导。凯瑟的童年生活极为艰难痛苦。为了发泄自己的沮丧与愤怒，她在高中时几乎每天早上都要跟自己遇见的第一个不正眼瞧她的同学动手打架。

在几个月的辅导过程中，里德花了好多个小时与凯瑟谈话——在她的发廊里，在快餐店里，在保龄球馆里——听她诉说自己的烦恼，像大姐姐一样给她建议。里德是一位了不起的导师，善良，体恤别人的感受，却不多愁善感。她一方面与凯瑟相处亲密，同情其所遭受过的种种虐待，但同时又切实做到让凯瑟明白要改变自己的人生需要付出很大的努力。在里德的帮助下，凯瑟发生了正好是关注品格的教育者们所希望的那种改变：她变得更执着，更有韧性，更乐观，更有自控力，更愿意为了长远的幸福而放弃眼前的享乐。里德并没有跟凯瑟明确地谈过什么非认知性技能或者品格的力量，但变化就自然而然地发生了。

尽管我在报道的过程中注意到了这种现象，但只是到了后来那本书出版之后，我才开始质疑套用那种教学模式来帮助年轻人开发非认知力量是否不对。也许你不能像教数学一样教品格。你要教二次方程式，就不能不实实在在地谈二次方程式，这一点似乎是不言自明的。可是从我的报道中却能很清楚地发现，你可以根本不对学生谈自我控制的好处，却能让他们变得更有自控力。还有一点也很清楚，即某些教学技巧用来教数学或者历史很有效，但用来教品格的力量却不起作用。没有一个孩子是通过做关于好奇心的填空练习而学会具有好奇心的，听些关于坚持不懈的讲座对于年轻人坚持不懈品格的增强似乎也没有多大作用。

这种顿悟让我开始思考一些新的问题：要是非认知性能力确实不同于认知性技能怎么办？要是它们主要不能经由培训和练习而产生怎么办？要是开发非认知性能力的过程实际上看起来与学习阅读、写作和数学等东西的过程全然不同怎么办？

我得出结论，与其将非认知性能力视为可以传授的技能，倒不如将它们看成儿童环境的产物更为准确而有用。有确凿的证据表明，对幼儿而言确实是这样；近些年来我们已经了解了很多关于不良环境对儿童早期发育的影响的知识。越来越多的证据表明，即使是初中和高中阶段的孩子，其非认知性能力也主要是其所置身的环境的反映，其中最重要的是学校环境。

这对我们那些想要弄明白如何帮助孩子们开发这些能力的人来说是个重大的消息，或者从更广泛的层面上讲，对我们那些寻求缩小基于阶层（class-based）的成绩差距并为不良环境中长大的孩子们提供更广阔的发展机会的人来说，这是个重大的消息。结果证明，要是我们想要提高一个儿童的坚毅、韧性或自控能力，并不能从儿童自身开始着手。我们首先所需要改变的似乎是他的环境。

4 压 力

- 战斗或逃跑反应简介
- 毒性压力对大脑有什么影响?
- 执行功能为何对上学很重要?

这就带来了一个新的紧迫的问题：在一个生活条件差的儿童的日常生活中，究竟是什么东西最强烈地妨碍着他发展迈向成功所必需的技能？部分答案与基本的健康问题有关：平均来看，贫穷儿童比富裕儿童所吃的营养食品要少，所得到的医疗照顾要差。另一部分答案与早期的认知刺激有关：富裕的父母一般会为他们的孩子提供更多的书籍和益智玩具；低收入的父母不太可能住在那些拥有好的图书馆、博物馆和其他丰富机会的社区，他们在与自己的婴幼儿说话时也不太可能运用丰富多样的词汇。

所有这些因素都非常重要。不过，神经系统科学家、心理学家和其他研究者已经开始着力研究引起不良环境中长大儿童的问题的一系列新的和不同的原因，他们的研究正在调整我们关于劣势与机会的认识。这些研究者们得出结论说，环境主要是通过压力机制影响儿童发育的。某些长期经历的环境因素会对儿童造成持续而不良的压力，而那些压力源会破坏儿童的生理和心理的健康发育，其程度比我们原先所理解的要大得多。

不幸，尤其是幼儿时期的不幸，对于我们每个人体内那个复杂的将大脑、免疫系统和内分泌系统（产生与释放包括皮质醇在内的应激激素的腺体）连为一体的压力—反应网络的发育具有强大的影响。尤其是在幼儿时期，这个复杂的网络对于环境提示高度敏感，它在不断地从环境中寻找信号以告诉自己未来的岁月里会发生什么。当那些信号暗示生活将会很艰难时，这个网络就会做出准备应对麻烦的反应：升高血压，增加肾上腺素的产生，提高警惕。

从短期来看，这也许会有好处，尤其是在一个危险的环境之中：当你的威胁探测系统——有时又被称为或战斗或逃跑反应——处于高级戒备状态时，你随时准备面对麻烦，你便可以很快对麻烦做出反应。换句话说，这些自我调适的产生具有其坚实的进化原因。但是，较长时间进行这些调适也会引起许多生理问题：它们往往会导致免疫系统缺乏抵抗力，代谢系统发生转变并引起体重增加，然后，将来会导致哮喘、心脏病等各种身体疾病。更糟糕的是，压力会影响大脑发育。高强度的压力，尤其是在幼儿时期，会阻碍儿童前额皮质的发育，而前额皮质正是我们大脑中控制最微妙最复杂的智力功能和情绪与认知调节能力的那一部分。

在情感层面上，早年长期的压力——现在许多研究者称之为毒性压力——会使得儿童难以节制自己面对失望与挑衅的反应。小小的挫折会让他们觉得像惨重的失败，稍许的蔑视会让他们觉得像严重的对抗。在学校里，一个随时警惕威胁的高度敏感的压力—反应系统会导致这样一些事与愿违的行为模式：打架，顶嘴，在课堂上捣乱，此外更微妙的还有，一天到晚戒备同龄人、抗拒老师和其他成年人。

在认知的层面上，在一个混乱而不稳定的环境中长大——并且经历这种环境所产生的那种慢性而高度的压力——会破坏许多由前额皮质所控制的被称为执行能力的技能的发展，如被许多研究者比作空中交通管制员的一组监督大脑工作的高阶心智能力。执行能力包括工作记忆、自动调节和认知弹性，是支撑韧性与坚毅等非认知性能力的大脑发育的构件，即神经系统的基础设施。它们对于应对不熟悉的情况和处理新的信息极其有帮助，而这些事情正是我们让孩子们每天在学校里所做的事情。当一个孩子的执行能力没有得到充分的发展时，他那些上学的日子就会变成一种没完没了的挫败体验，充满了各种复杂的指令，而他又总是不能集中注意力。

5 父 母

- 婴儿是如何理解世界的?
- “发球—接发球式互动”的重要性
- 帮助或不帮助婴儿应对压力

许多关于幼年不幸与儿童发育的新研究都存在着一个根本性的悖论：一方面对贫穷所滋生的问题有了非常清楚明白的认识与了解，而另一方面却对解决之道茫然无知。现如今人们常常会觉得好像你得成为一位神经化学博士才能明白那些生活条件差的儿童生活中所发生的事情全都是怎么回事。然而那门错综复杂的科学——那些肾上腺得以分泌糖皮质激素、免疫细胞得以发送细胞因子的精确的机制——并不太能告诉我们如何才能最好地帮助那些有困难的孩子。也许有一天会出现对付这些神经化学失衡症状的神经化学疗法——打一针或者吃一片药就能神奇地对抗童年不良环境的影响。不过现在我们要纠正或补偿那些影响，最好的法子还是一个笨办法：改变孩子们所生活的环境。

当我们听见“环境”这个词语时，我们通常最先想到的是一个孩子的物理环境。不利的物理环境在儿童的发育中确实起着一定的作用，尤其是当它们真的有毒的时候，如儿童所饮用的水中含铅或所呼吸的空气中有一氧化碳。但是这一批新的研究人员最重大的发现之一是，对大部分儿童来说，环境因素中最重要的不是他们所居住的房屋，而是他们所感受的关系——即生活中成年人与他们的互动方式，尤其是当他们感受到压力时。

儿童发展情感、心理与认知能力的首要环境是他们的家庭——更具体地说，是其家人。从婴儿期开始，儿童就依靠父母的反应来理解世界。哈佛大学儿童发展中心的研究人员将之称为“发球与接发球”式互动。婴儿发出一种声音或看着某个物体——那就是发球——父母的接发球则是关注孩子所关注的东西，通过手势、面部表情和言语回应孩子的咿咿呀呀：“对，那是你的狗狗！”“你看见风扇了？”“噢，宝贝，你不高兴了？”父母和婴儿之间这些基本的互动，在父母看来常常是没有意义的重复，但对婴儿来说却充满了宝贵的信息，能告诉他世界会是什么样子的。它们比婴儿的任何其他体验更能触发其大脑中控制情绪、认知、语言与记忆区域的神经联系的发展和强化。

父母在孩子幼时所扮演的另一个重要角色是孩子压力的外在调节者，从好的方面和坏的方面来说都是如此。有研究表明，要是父母表现严厉或者喜怒无常——尤其是当孩子心烦意乱的时候——天长日久，孩子们就不太可能培养出管理强烈情绪的能力，而更有可能对压力情境做不出有效的反应。与之相反，能够帮助孩子处理压力时刻、在发过脾气之后或恐惧之余能够自己冷静下来的父母，对于孩子养成长期管理压力的能力则通常具有深刻的积极作用。婴幼儿时期自然有很多大哭大闹的时候，而每一次哭闹对孩子来说都是一次学习的机会（即便对于当时的孩子父母来说是难以置信的）。当一个孩子的照料者敏感而沉着地回应其躁动的情绪时，孩子就更有可能明白自己有能力管理自己的情绪，即使是那些强烈的不愉快情绪也能管理。那种理解虽然首先还不是一种知性的理解，但却会深深地铭刻在孩子的心灵深处，以后当这孩子再次面临压力情境甚至面对危机的岁月时，那将会是他极其宝贵的财富。

在过去的几十年中，神经系统科学家们在啮齿动物和人类研究中都证实，父母的照顾，特别是紧张时刻父母的照顾，不仅会影响儿童荷尔蒙水平和脑内化学物质的发育水平，而且能更深刻地影响其基因表现水平的发展。麦吉尔大学（McGill University）的研究人员表明，母鼠特定的育儿行为会改变幼鼠 DNA 中某些化学物质固定在某些序列上的方式，即其所谓甲基化过程。幼鼠紧张时母鼠温暖而积极的回应与养育——尤其是被称为舔舐和理毛的那种抚慰性的母性行为——会正好在幼鼠 DNA 中控制成年后海马体处理压力荷尔蒙的方式的那个区域创造甲基化效应。（尽管具体的证据还有待发现，但）有强烈的迹象表明，作为对相应的人类养育行为的反应，同样的甲基化效应也发生在人类婴儿身上。麦吉尔大学的研究证实，许多父母（和已经长大的孩子回忆童年时）直观地感觉到，哪怕是父母关注的小小瞬间也在很深的层次上有助于促进儿童的发展——事实证明，能一直影响到我们的基本基因序列。

6 创 伤

- 你的不良童年经历（ACE）得分如何?
- 不良经历和不良环境
- 不良童年经历及其对学业成功的影响

但是，如果说家庭环境能对儿童发育起到积极影响的话，它们也能起到相反的影响。我们知道，儿童在毒性压力之下，尤其是在非常年幼之时，他们的发育会遭受极大的破坏，其免疫系统、执行能力和心理健康都会受到危害。儿童当然也会受到家庭之外的压力影响，如邻居的暴力、陌生人的虐待等，但是对大多数儿童来说，其压力—反应系统最重大的威胁还是来自家庭内部。

关于童年压力和创伤的长期效应的最重要、最有影响的研究之一是“儿童期不良经历研究”。该项研究是20世纪90年代由疾病控制与预防中心的一位内科医生罗伯特·安达（Robert Anda）和总部设在加利福尼亚州的庞大的凯萨医疗机构预防医学部的创始人文森特·弗里蒂（Vincent Felitti）共同进行的。安达和弗里蒂一起对加利福尼亚南部17000多名凯萨的患者——其中大部分是受过良好教育的中年白人——进行了关于其童年创伤经历的调查。安达和弗里蒂向患者问到的十种创伤总的来说都发生在家庭之内和家人之间。它们包括三种虐待、两种疏忽，另外五种则与在一个“严重失调的家庭”中长大有关：亲眼看见家庭暴力，父母离异，家庭成员或者坐过牢或者有精神病或者有滥用药物的问题。在调查中，每个受调查者仅需指出他/她儿时经历过多少种不同的不良环境。

然后安达和弗里蒂查阅凯萨的文件深入了解每名患者的病史。他们发现，每名患者童年经历的创伤种类的数量和他/她成年后可能罹患的多种疾病之间存在着惊人的关联性。有过四五种童年期不良经历（adverse childhood experience，简称ACE）的人患癌症的可能性会增加一倍，患心脏病的可能性会增加一倍，患肝病的可能性会增加一倍，患肺气肿和支气管炎的可能性则会增加三倍。

尽管“创伤”一词通常与孤立的悲惨经历有关，但值得注意的是，安达和弗里蒂所追踪的问题类别大部分是长期的和持续性的。父母离异、精神疾患和疏于照顾对孩子的不良影响并不只在某一天，孩子们每天都会感受到。童年不良经历研究所真正追踪的，更多的是不良的生存环境的影响，而不是那些不良的一次性经历。事实证明，那种恶劣的影响不仅对孩子的生理发育而且对他们的智力和心理发展产生了巨大的作用：安达和弗里蒂发现，不良童年经历得分越高，相应地，抑郁、焦虑和自杀以及各种自毁性行为的发生率就越高。与没有童年不良经历者相比，有四种或四种以上不良童年经历者 15 岁以前抽烟的可能性会增加一倍，酗酒的可能性会增加七倍，发生性关系的可能性也会增加七倍。

最近，使用安达和弗里蒂量表进行研究的学者们发现，在一个气氛长期紧张的家庭中长大，即不良童年经历得分很高，对儿童执行能力乃至于其在学校里有效学习的能力的发展都有直接的负面影响。旧金山的一位儿科专家和创伤研究者纳丁·伯克·哈里斯（Nadine Burke Harris）进行的一项研究发现，不良童年经历得分为零的儿童只有 3% 在学校里表现出学习或行为方面的问题，而有四种或更多不良童年经历的儿童却 51% 都有学习或行为方面的问题。2014 年发表的一项单独的全国性研究（该研究对不良童年经历的定义略有不同）发现，有两种或更多不良童年经历的学龄儿童与没有不良童年经历的学龄儿童相比，表现出行为问题的可能性会增加八倍，留级的可能性会增加一倍多。这项研究表明，在所有儿童中，略多于一半的人没有过不良童年经历，但是老师们在学校里所见到的行为问题 85% 都出现在那另一半至少有一次不良童年经历的儿童身上。

7 忽 视

- 一种“良性”忽视?
- 慢性刺激不足的恶劣影响
- 一所俄罗斯孤儿院的教训

十个种类的童年不良经历中反映出的是儿童家庭环境的大规模破坏，这些破坏显然对儿童的发育有着不利的影响。但是小一些的家庭功能紊乱也会产生负面的影响。最近在俄勒冈进行的一项研究就着眼于父母之间的非暴力争吵对婴儿发育的影响。研究者们挑选了一些六到十二个月的婴儿，在他们睡觉之时，用一种脑功能磁共振成像仪器对其进行脑部扫描，该仪器能让科学家看到人脑的哪些部分被激活以响应不同的刺激。当这些婴儿们睡觉的时候，研究者们播放一些听起来很生气的无意义的语音。婴儿的母亲们各自填写了一份关于孩子家庭环境的调查表，问题包括父母争吵的频率。结果是：那些母亲报告家里没有多少争吵的婴儿对生气的声音的反应相对比较平静。而脑功能磁共振成像显示，那些母亲报告家庭争吵很多的婴儿，其大脑中与情感、压力反应和自我控制相联系的区域则会突然活动加剧。

这项研究以及与之类似的一些研究有助于表明，在儿童的生活中存在一系列环境因素，它们不符合传统的“创伤”定义，却还是对大脑发育产生了不利的影响。实际上，越来越多的证据表明，对儿童健康发育最严重的威胁之一是忽视——父母或照顾者对儿童全然没有回应。当儿童受到忽视时，尤其是在婴儿时期，他们的神经系统感受到的是他们的幸福遭到了严重威胁；研究者发现，忽视甚至会带来比身体虐待更多的长期伤害。

忽视也是一个（由不同等级组成的）统一连续体。心理学家表示，形式最温和的忽视——照顾者对儿童偶尔的疏忽——其实还会起到积极的作用。让儿童不总是处于父母关注的中心，这对儿童有好处，能让他们学会有时专心玩自己的，自娱自乐。这个统一连续体的另一端是严重忽视，从法律上来说已构成虐待并需要儿童福利当局的干预。两极之间的忽视属于一种所谓慢性刺激不足的类型，就是父母们不常用一种专注的、面对面的、发球与接发球式的方式与孩子们交流互动，不理睬他们的哭闹或者想要谈话的企图，把他们往电视机前一放就是几个小时。

神经系统科学家发现，即便是这种程度的忽视，对于大脑的发育也有深远的破坏性影响。忽视通过对前额皮质的影响会导致压力反应系统的损伤，而这反过来又会引起童年以及以后的人生中情绪、行为和社交方面的困难。经历过慢性刺激不足的儿童通常较少与其他儿童进行交往。他们在认知和语言发展测量中落后于其他儿童，并且还有执行功能方面的问题：他们很难控制自己的注意力；在老师和父母眼里他们心不在焉、过于活跃爱动；在学校里他们很难集中注意力。

研究压力对儿童发展影响的神经系统科学家认为，忽视、虐待和其他形式的创伤的共同之处在于，他们都向婴幼儿发育中的大脑传达出这样一种信息，即他们的环境动荡不定、不可捉摸、混乱不堪。儿童尤其是婴儿的大脑在搜寻着周围世界的模式，当他们眼前的环境变动不居——当他们生活轨道上的大人们举止不定或很少与他们交流互动时——孩子的大脑以及与之相连的压力—反应系统就被触发得时刻警惕着，准备面对不稳定的生活，准备面对一切不测。

不过，忽视和虐待等行为固然会对儿童产生一种令人不安的巨大影响，但某些有害的父母行为如果发生改变，其所造成的影响却也确实能够得到减轻甚至被逆转。以 21 世纪初俄罗斯圣彼得堡所进行的一项实验为例。当时后苏联时代社会和经济的混乱导致许多俄罗斯婴儿被送往孤儿院。那些孤儿院的情况跟狄更斯笔下的孤儿院大不相同，孩子们在那里有充足的食品和衣物，睡觉的地方很干净，能享受医疗照顾，甚至还有玩具。但是孤儿院的管理模式严格而没有人情味，工作人员从不用一种热情的响应方式与孩子们交流互动。一份报告这样描述当时典型的俄罗斯孤儿院，“（工作人员）机械地给孩子们喂饭、换衣服、洗澡，而不像家庭中父母一般会对孩子所做的那样，对他们笑，和他们说话，跟他们进行目光交流”。

然后一个俄罗斯和美国的科学家小组对一家大部分孩子不到两岁的孤儿院的员工进行了培训，教他们一种新的更体贴的保育模式。他们鼓励员工们利用日常给孩子们喂饭、洗澡等的机会与孩子们进行热情的响应式交流互动。不用做什么大事——就是跟孩子们说说话、对他们笑一笑，像大部分父母跟自己的孩子在一起的时候本能地就会做的那样。那些孤儿们的情况几乎马上就发生了改变。九个月之后，他们在认知能力、社会情感发展和动作技能的测量中得分大大地提高了。或许最为明显的是，孩子们的身体也好多了。尽管他们的饮食和所得到的医疗服务都并没有改变，但他们的身高、体重和胸围（改革之前每个孩子都发育不良）都得到了显著的提高。而且保育员们也从中受益，他们所照顾的孤儿变得更健康快乐，他们自己也就不那么沮丧与焦虑了。保育者行为的一个相对较小的改变给孩子们的生活和孤儿院的情感氛围带来了很大的变化。

圣彼得堡实验奏效了，因为它改变了孤儿院中那些婴幼儿的环境。而且重要的是我们再次注意到，在圣彼得堡孤儿院中，所改变的并不是物理环境，那些孩子们并没有获得更好的床铺、更好的食物或者更令人兴奋的玩具，改变的只是他们周围的大人对待他们的方式。有相当多的证据显示，如果我们现在想要改善处境不利的儿童的幼年生活，我们可以使用的最好的手段便是同样强大的环境因素：那些孩子们每天所遇到的大人的行为和态度。

8 早期干预

- 幼年为什么重要
- 教育项目应顺应脑科学的发展
- 跟孩子说话与政策制定者的困境

正如我前面所提到的，我这个研究的一个前提是，童年是一个连续的统一体，如果我们想帮助改善处境不利儿童的结果，我们需要寻找机会在这个连续统一体的许多不同节点上用积极的方式进行干预。仍然有非常明确的证据显示，一个孩子的幼年时期——六岁以前，特别是三岁以前——是其发育的一个非寻常时期，既有机遇，又有潜在的危险。幼年期儿童的大脑具有最大的可塑性，对来自周围环境的影响和暗示比任何其他时间节点都更为敏感。那时神经系统基础设施正在形成，它将成为一个孩子今后各种能力的支撑，不仅包括其智力能力——如何辨识、计算、比较和推断——也包括那些有助于他/她在校内校外顺利生活的情感和心理习惯、能力与思维模式。幼年时期环境的影响会被放大：孩子处于一个好的环境中，对其未来发展的影响会非常好，而孩子处于一个不好的环境中，对其未来发展的影响则会非常坏。

关于幼年时期尤其是幼年儿童大脑发展的科学认知还在不断增强之中，但把这些科学认知反映在关于处境不利儿童的政策方面，美国做得很是不够。我们花在孩子们身上的公共资金中只有一小部分用于婴幼儿；在关于幼儿社会服务公共支出总额比例的最近一次国际排名中，美国在 32 个发达国家中名列第 31 位。而且在我们确实花在幼儿身上的资金中，大部分都用于幼儿园学龄前儿童，而这通常意味着用于一些侧重于建设四岁儿童以及少量三岁儿童的学习技能的项目。

关于学前教育项目的有效性方面的数据有点儿复杂。全国越来越多的学前教育项目是全民项目，即不仅面向处境不利儿童，也面向来自富裕家庭的孩子。让学前教育项目面向每一个人，其背后有很好的政治与社会原因，包括有益于所有儿童的社会经济一体化，以及中产阶级选民更有可能希望

（自己缴纳的税金）投资于非仅针对穷人的项目。但是学前教育项目对来自非贫穷家庭的子女是否有教育价值这一问题仍然有争议；已有研究发现，全民学前教育项目对于富裕家庭儿童的技能（提高）罕有或没有积极作用（甚至会有负面影响）。即便如此，学前教育似乎确实能可靠地帮助处境不利的四岁儿童发展上学前班所需要的各种技能，只要他们所参加的学前教育项目算得上是高质量的。

尽管如此，从我们供应有限的幼儿公共资金中拿出这么多用于学前教育，这种做法意味着，我们就只剩下很少的资金能用于帮助那些三岁以内的孩子及其父母的项目。根据一项估算，美国幼儿公共资金中仅有 6% 用于那些三岁以内儿童的项目，其余 94% 则用于三岁、四岁和五岁儿童的项目。问题是，在这种资源分配不均衡的状况之下，我们现在越来越清楚地明白，那最初三年的大脑发育对孩子今后一生的成功有多大的影响。在学前班入学测试中，最初几年里所发展的各种能力也许比数数、认字等能力更难测量，但它们却正是与执行能力密切相关的那些技能，也就是研究者们最近所确认的对学前班及以上阶段非常重要的能力：在较长一段时间之内专注于一项活动的能力，理解并遵从指令的能力，应对失望和挫折的能力，与其他学生有效互动的能力。

任何想要帮助培养低收入家庭幼儿非认知能力的人所面对的挑战是，孩子们在学前教育中所进行的那种有意的练习对于发展他们的执行能力并没有多大的帮助。相反，那些能力是他们在日常生活里在与环境的互动中形成的，而环境中最重要的一项是他们与父母及其生活中其他成年人的关系。这就给决策者们带来了一个两难的困境：科学告诉我们，父母和照顾者及其为一个孩子营造的环境很可能是我们用以改善这个孩子未来的最有效工具。但是父母行为，尤其是那些私下亲密层面的行为，如是否用耳语跟孩子说话、把孩子在电视屏幕前放多长时间、怎样与孩子进行“发球—接发球”式互动等，对我们大多数人来说，都不是非常乐意接受政府的干预。

困境是实实在在的，解决的方法也不容易找到。但是在我最近的报道中，我遇到了一些专注于改善儿童早期教育环境——尤其是生命最初三年那可称之为儿童早期教育环境的组织。在接下来的三章中，我将简要地描述他们所开发出来的一些最有希望的干预措施。这些措施有些是针对父母的，其余则用以建设家庭之外支持性和培育性的环境。没有一项措施是完美无缺的，但是它们或许会共同为我们指出一条干预处境不利儿童早年生活的新路。

9 依 恋

- 牙买加实验告诉我们亲子依恋的重要性
- 建立“安全堡垒”
- 只给父母分发一些小册子就能让婴儿对父母更有安全依恋感吗?

1986 年，在牙买加首都金斯顿一些最贫穷的社区中，来自西印度群岛大学的一组研究人员开始了一项实验，该实验在过去 30 年中为证明父母干预的潜在有效性做了很多工作。实验涉及 129 名婴儿和学步孩子的家庭，这些孩子在实验开始时在身体或心理上都有发育迟缓的迹象。这些家庭被分为四组。一组每周接受一位训练有素的研究人员一次一小时的家访，研究人员鼓励父母们花更多的时间积极地与孩子一起玩耍：读图画书，唱歌，玩躲猫猫游戏。第二组孩子每周得到一公斤的乳制营养补品。第三组既得到营养品也受到游戏支持的家访。而第四组是对照组，什么都没得到。

干预活动本身在两年后就结束了，不过研究人员此后一直密切注意着孩子们的情况。（这些孩子现在已经30多岁了。）结果是：给孩子们生活带来巨大改变的干预形式并不是增加营养，而是鼓励父母们多跟孩子玩耍。那些父母被忠告多与他们玩耍的孩子们，在整个童年阶段，在智商测试中，在攻击性行为和自我控制方面都做得更好一些。今天，作为成年人，他们比那些父母没有接受家访的孩子每年的平均收入要多25%；从包括工资在内的各方面来衡量，这些从前发育迟缓的婴儿现在已经赶上了一个比较组的那些婴儿期没有任何发育迟缓迹象的同龄人。

牙买加实验为某种对处境不利的父母进行家访式干预的潜在有效性提供了强有力的经济论据。但是因为家访者对父母的鼓励相当笼统，其结果在下面两个很重要的问题上不一定能给我们很多启发：父母们哪些行为最重要？家访者哪种指导或指令最容易让处境不利的父母采取那些行为？

关于那些问题的答案，仍然存在着相当大的不确定性。

现在美国主要有三种家访的方法，它们之间有时候相互冲突，有时候互相交叉。一组干预措施主要针对儿童的健康问题；另一组主要针对儿童的认知能力，尤其是他们的词汇和阅读能力；再一组针对儿童与父母之间的关系。

如今美国最广泛的家访项目是一种主要针对健康问题的“护士—家庭合作项目”，该项目将训练有素的护士派往低收入待产母亲的家庭，这些待产母亲大多数是未婚青少年。（目前有三万多个家庭参加了这个项目。）然后这些护士在接下来的两年半时间里定期拜访这些母亲，指导她们进行戒烟等促进孩子健康的行为，并就如何保护孩子的安全以及如何让她们自己的生活走上正轨等提供建议。三个单独的随机对照实验表明，“护士—家庭合作项目”对母亲们产生了积极的影响，其中包括虐待儿童、母亲入狱和孩子被送进福利机构等事件都减少了。在大多数家庭，这些家访对儿童的心智发展或学校适应情况没有显著的影响，但是在那些母亲的智力和心理健康测试得分特别低的家庭，经过家访，儿童的学业成绩确实有所提高。

没有多少确切的证据证明针对儿童识字和词汇能力的家访干预的效果。这些干预的前提是这样一种真实而紧迫的现实，即因为社会阶层的不同，儿童早期接触语言——既包括口语也包括书面语言——的情况有很大的差异。富裕家庭的孩子通常有更多的机会接触书本和其他印刷物；同样重要的是，他们的父母跟他们说话也比低收入家庭的父母跟他们的孩子说话多——据估计，要多得多——而且他们所说的话也更为复杂。这种趋势，与学前班入学时低收入家庭儿童在词汇和语言理解能力测试中的显著劣势相一致。

鉴于这种现实，许多研究者和支持者创立了一些实验项目，试图通过鼓励低收入父母多和他们的孩子一起读书、说话以减少那些差距。但是很难找到可靠的证据证明这样的一些项目对处境不利儿童语言能力的提高有长效作用。挑战在于，婴儿是在不断地而不是只在某些特定的教育时刻才从父母那里吸收语言。因此，如果你是一位父母，而且你和很多低收入父母一样词汇量很有限，那么，只靠你自己来培养孩子丰富的词汇量是不容易的。

部分是由于这个原因，现在许多研究者相信，改变父母行为最有希望的办法是第三种：针对亲子关系的干预。许多这一类的干预措施旨在鼓励儿童发展一种名为“亲子依恋”的心理现象。20 世纪 50 年代，英国、加拿大和美国的研究者们发现，婴儿如果在人生的最初 12 个月里受到温暖周到的养育，他们与父母之间通常会形成一种强烈而和谐的关系，研究者称之为“安全型依恋”。这种关系会在婴儿心中树立一种根深蒂固的安全和自信意识——用研究者的话来说，是一个安全堡垒——他们长大点之后，这种意识会使得他们更独立而勇敢地探索世界。而且那种自信和独立在现实世界中具有实际意义：20 世纪 70 年代明尼苏达大学开始进行的一项关于依恋的里程碑式的纵向研究发现，在一岁的时候对母亲显露出安全型依恋的婴儿，后来在幼儿园里会表现得更专心更积极，在中学会表现得更有求知欲，适应力更强，而且明显地更有可能读到高中毕业。

跟其他父母相比，由于贫困或生活中其他不稳定因素而饱受压力的父母不太可能平静而专心致志地回应自己的婴儿，与其互动交流，从而促进孩子的安全型依恋。不过现在令许多研究者感到激动的是，人们越来越认识到那些行为是可以学到的。支持并劝告处境不利的父母，使他们更有可能采取一种促进婴儿依恋感的养育方法，这似乎相对容易一些。实际上，某些成功的养育干预措施有可能无意之中促进了婴儿的依恋感。那些以健康为导向的干预措施，诸如“护士—家庭合作”项目，或者“和你的孩子一起读书”项目，甚或“牙买加实验”等，之所以能产生积极的结果，部分原因在于它们要求家访者敦促父母们多与婴儿一起玩耍、读书、谈话——换句话说，就是多进行发球与接发球式的互动——即便这种干预措施的目的并不在依恋感，但那些近距离的亲子互动也有可能产生促进安全型依恋的效果。

那么这是否意味着，如果我们想要促进压力巨大的父母和婴儿之间的安全型依恋，最好的办法本质上是知识性的，即向父母们传授一些最有可能引起婴儿安全型依恋的技巧和行为？我们能不能只给父母分发一些小册子就能让婴儿对父母更有安全依恋感？遗憾的是，事情看起来并不是那么简单。确实有一些特定的行为有助于促进依恋感——面对面的玩耍，平静的语调，发球与接发球式的互动，微笑，温暖的触摸，等等。但是对许多父母来说，尤其是对那些生活在不良环境之中或者自身小时候就不曾受到过多少促进依恋式养育的父母来说（或者对既身处不良环境又从小没有受到过依恋式养育的父母来说），阻碍他们那样养育孩子的主要原因并不是他们没记住该采取哪些行为方式，而是他们既心怀怨恨又睡眠不足，还可能充满沮丧，根本就不太想与自己面前那个裹着脏兮兮尿布、不好好睡午觉、哭闹不止的婴儿进行发球与接发球式的互动。这些不堪重负的父母所需要的不仅仅是知识。其实，最有效的注重依恋感的家访型干预措施不仅是为父母提供养育技巧，而且还给他们心理和情感上的支持：家访者通过移情和鼓励，确确实实地让他们对自己与婴儿的关系感觉更好一些，也对自己为人父母的身份感觉更有把握一些。

旨在促进依恋感的干预措施采取得好，对处境不利的父母及其孩子的影响可能是脱胎换骨性的。明尼苏达大学进行的另一项研究涉及 137 个有儿童虐待记录的家庭。换句话说，这些父母过去曾被发现虐待或者忽视儿童，而现在他们又有了一个新的婴儿要照顾。这些家庭被分为一个对照组和一个试验组，对照组接受那种专为有儿童虐待记录家庭所提供的标准社区服务，试验组则接受为期一年的侧重亲子关系的治疗性咨询。一年结束之时，对照组中只有 2% 的儿童对父母产生了安全型依恋，而实验组中则有 61% 的儿童对父母产生了安全型依恋——这是一种巨大的差异，而这种差异对于那些孩子将来的幸福与成功会产生巨大的影响。

10 家访

- 依恋与生物行为匹配
- 茱莉安娜和扔饼干风波
- “我们只将注意力集中到这个积极的时刻之上”

2015 年 7 月一个闷热的日子，纽约皇后区一个名叫圣·奥尔本斯里的工人阶级社区，我在茱莉安娜和她的小妹妹伊莎贝拉的养母斯蒂芬妮·金家里度过了一个下午。伊莎贝拉是一个温顺的小女孩，还有几个星期就满两周岁。我是在斯蒂芬妮家里观察玛格丽塔·普伦萨（Margarita Prensa）的家访的。玛格丽塔是一个名为“依恋与生物行为匹配”（Attachment and Biobehavioral Catch-up，简称“ABC”）的家访项目的父母教练。这种干预措施大量吸收了依恋心理学原理，由特拉华大学的心理学研究人员玛丽·多齐尔（Mary Dozier）首创，目前为纽约市四个地方的儿童保护和领养系统所采用。

和大多数被领养的孩子一样，茱莉安娜生来就处境艰难。她的妈妈名叫瓦莱里娅，20 岁刚出头，生她的时候正住在纽约市的一个收容所里。茱莉安娜出生后大约一个月的时候，瓦莱里娅把她送到斯蒂芬妮和她情人肯恩的家过周末，她们俩都是瓦莱里娅的朋友。周末过完之后，瓦莱里娅说她不能把茱莉安娜接回去。她没去接女儿，而是送过去一个小包包，里面装着茱莉安娜所有的世俗财产——一些衣服和几个玩具。从此，茱莉安娜尽管还能经常见到瓦莱里娅，但她却是由斯蒂芬妮和肯恩抚养的，不过瓦莱里娅现在想要逐渐收回抚养权。在我去拜访玛格丽塔家几个月前，瓦莱里娅生下了她的第二个孩子伊莎贝拉。不过没多久，伊莎贝拉也跟斯蒂芬妮和肯恩生活在了一起。

正是这种养育过程的不稳定和不确定性模式对许多儿童的发育造成了严重的损害。不过在我与茱莉安娜待在一起的那个下午，她看起来还不错。她能那样，似乎跟她与斯蒂芬妮相处融洽有很大的关系。斯蒂芬妮是一位非洲裔美国女士，

30 岁出头，染了一头红色的头发，很爱笑，还喜欢自嘲。

“依恋与生物行为匹配”项目运用玛格丽塔这样的教练进行家访，以鼓励父母和养父母之间增强联系并在与他们抚养的小孩子相处时更敏感一些。在我们访问斯蒂芬妮和茱莉安娜期间，玛格丽塔一边观察她们俩互动，一边不时地进行点评:“刚才你跟她配合得不错。”“这种开开心心满面笑容的样子很好！”“她开始哭了，你开始抚摸她的额头。很好；这样关爱孩子很好。”这么说的目的是为了让斯蒂芬妮这样的父母更注重与自己抚养的儿童之间进行小小的互动。玛格丽塔通过提请斯蒂芬妮注意那些促进亲子关系与依恋感的瞬间并夸她做得不错来帮助她，引导她掌握更好的育儿方法。而且通过突出积极的方面而不是批评做得不对的地方，玛格丽塔强调良好的养育技巧并不像火箭科学那么高深莫测——斯蒂芬妮其实已经掌握并运用了许多积极的父母养育行为。

在我们访问期间，很多时候茱莉安娜都在玩玛格丽塔带过去的一套塑料套杯，就是几个杯子型号不一、每个杯子都刚好可以放进下一个稍大一点的杯子里的那种套杯。有那么一刻，在斯蒂芬妮和玛格丽塔聊着伊莎贝拉的事情的时候，茱莉安娜开始把自己正吃着的一块饼干捏碎了塞进一个杯子里，然后还突然向斯蒂芬妮和小妹妹伊莎贝拉扔了一把饼干。

“别这样，宝贝，”斯蒂芬妮看着茱莉安娜，冷静地说，“咱们不能像这样把饼干扔得到处都是。”

“我要！”茱莉安娜说。她穿着白色的棉裤子和粉色的衬衣，在几英尺之外站着，挑衅似地盯着斯蒂芬妮。

斯蒂芬妮抱着伊莎贝拉，站起身。“那你恐怕不能再吃饼干了。”

“不！”茱莉安娜回答道，她的音量提高了，也更尖厉了。

“是的，你确实不能吃饼干了，因为饼干到我这边来了，”斯蒂芬妮伸手去拿茱莉安娜还抓在手上的一些剩余的饼干屑，“请给我。谢谢！”

茱莉安娜开始大声哭叫：“不——！”

斯蒂芬妮走到厨房的垃圾桶边，把饼干屑扔进里面。“你坐下好吗？”

“不！”不过茱莉安娜接着还是过去坐了下来。她伤心地说：“不，不！我没有饼干了！”她低头看着自己的手上，“饼干都没有了！”

“是啊，饼干都没了。”斯蒂芬妮说。

茱莉安娜站起来，开始大哭。这时候，斯蒂芬妮回到了客厅里面。她跪下来，递给茱莉安娜一个塑料套杯。“坐下”，她说，“你还可以玩杯子。但是不能吃饼干了。”

茱莉安娜抽了几下鼻子，然后接着开始玩那些套杯。

“你没事吧？”斯蒂芬妮问她。

茱莉安娜点点头。

她们一起看着一个茱莉安娜想要套却套不进小杯子里去的大杯子。“你能把这个杯子套进那个里面去吗？”斯蒂芬妮问，“来，我来弄给你看。”

玛格丽塔本来一直在默默地观察这整个互动过程，现在开始表扬斯蒂芬妮的教育方法很沉着。“做得很好”，她说，“你一直保持冷静，然后她做什么，你便很快见机行事。”斯蒂芬妮笑了。

这是一个细小的瞬间，但是从中很容易看出斯蒂芬妮所做出的一些小小的选择是如何帮助茱莉安娜保持情绪的稳定和相对轻松的——保持低音量，转移茱莉安娜的注意力，既坚持原则又对茱莉安娜的感受表示同情。很容易看出，不同的选择，即一位陷入困境的妈妈更自然会做出的那种选择——计较茱莉安娜的没礼貌行为，抬高音量，老是想着要惩罚她而不是掀开新的一页——将会怎样提高茱莉安娜不仅是那一个下午而且是今后很长时间内的压力水平。

当多齐尔和其他研究者们研究 ABC 项目对父母（包括养父母）和儿童的影响时，他们根据一些指标发现了一些一致的积极效果。一项研究发现，经过十次 ABC 家访之后，由养父母所抚养的儿童明显表现出更强的依恋感并能更好地调节自己的行为。儿童们的应力速率也提高了：他们每天的皮质醇——一种关键的压力激素——水平上升和下降的模式也不再像在高压力的领养情况下往往会出现的那样异常了。实际上，那些接受过 ABC 家访的母亲所领养的孩子与那些典型的非领养的健康孩子的皮质醇模式是难以区分的。

在我去过皇后区几个星期之后，我参观了尤金市俄勒冈大学的压力神经生物学与预防实验室。该实验室的心理学家菲尔·费舍尔（Phil Fisher）领导的一个研究小组开发了一系列针对父母的干预措施。这些措施在许多方面类似于 ABC 项目的措施，但有一个很大的不同：他们使用数字视频作为教学工具，帮助父母远离引起儿童恐惧和压力的行为，走向促进依恋与自控模式的行为。

费舍尔 2010 年所提出的这个视频辅导项目被称为“拍摄互动以促进发展”（Filming Interactions to Nurture Development，简称“FIND”）。其基本策略与玛格丽塔·普伦萨对斯蒂芬妮·金做那种实况报道式的解说类似——试图将父母的注意力吸引到亲子互动中那些最有益于儿童的细小的时刻上来。不过，FIND 项目中，没有一个教练像玛格丽塔那样用现在时态讲解那些时刻；相反，视频有助于将那样一些时刻分离出来，然后，通过详细的评论，给父母留下特别鲜明的印象。

使用 FIND 项目的社会服务机构通常雇佣一些父母教练团队每天去拜访几位高危父母或者养父母。当一位训练有素的 FIND 教练到达一个家中后，她就设置一个摄像机来记录访问期间亲子间的每一个互动，这个过程一般只会持续半个小时。到了晚上，她会对白天录制的视频进行编辑，集中三个简短的时刻来凸显积极的发球与接发球式互动。当这个教练下一次再拜访那个父母时，她会用笔记本电脑或者平板电脑播放这个视频，并不时地停下来与这位父母讨论为什么那个特别的互动对孩子有积极的意义。

费舍尔向我解释道，FIND 项目背后的核心理念是，“即使在最不利的家庭环境中，发球与接发球式互动也在进行着。我们不是斤斤计较于这些家庭中的父母们哪些地方做得不对，而只是将注意力集中到这一个积极的时刻之上，然后通过很慢很慢的镜头向父母们突出这个时刻。这样做向父母们传递的信息是：你不必学什么新的东西。我们只是想给你看看你已经在做着的事情，因为如果那样的事情你做得更多的话，将会给你的孩子带来巨大的变化”。

11 家庭之外

- 教保项目的成效
- 职业发展培训延伸至非正式的保育服务提供者
- 帮助幼儿园老师减轻心理压力
- 双向自我调节模式

依恋与生物行为匹配项目（ABC）和拍摄互动以促进发展项目（FIND）旨在通过渐进但最终深刻改变婴幼儿家庭气氛的方式，慢慢改变他们与父母关系的基本趋向，改善他们的成长结果。但其他一些基于类似的心理学原理的项目则寻求改变儿童幼年时期在家庭之外的活动环境。这些干预措施中最密集的一种当属教保项目（Educare），该项目已经形成了一个遍及全国的幼儿教育中心网络，为低收入家庭六周至五岁的孩子提供全日制的儿童看护和幼儿园。

教保项目现有 21 个幼教中心，服务于 3000 多名儿童。该项目主要的意图是想证明，即便是处境极为不利的儿童也能在进入学前班时做好学习的准备——但是，要达到那个目标，他们得接受强化的（不用说，也是昂贵的）早期干预。现在，教保项目每个儿童每年耗资两万美元——跟一个富裕社区的公立中学一年的学费差不多。（参加教保项目的家庭自己不用交学费；平均 16% 的资金来自慈善赞助，其余资金则来自联邦政府的“启智项目”和“领先项目”的基金以及其他对低收入家庭的政府补贴。）

一般来说，参加教保项目的儿童居住在非常贫困的社区之中，家庭条件极为不利，而据统计那种背景的儿童更有可能在入读学前班第一天的一系列广泛的测试之中明显落后于同龄人。实际上，研究者发现，富裕儿童和贫穷儿童之间的成绩差距大部分在五岁之前就已显现出来。教保项目的前提是，要想消除那个差距，来自弱势家庭的孩子需要两样东西：三四岁的时候，他们需要一所高质量的幼儿园来为他们提供坚实的字母和数字方面的训练，并打下稳定的人际交往能力、激励能力和心理能力的基础。但是首先，在他们进入幼儿园之前，他们生命的最初三年需要在一种与看护他们的成年人之间充满积极、热情、发球与接发球式的互动的环境中度过。如果他们在家庭中得不到那种环境，他们就需要在一个像保教托儿所这样的地方去获得。

我在塔尔萨市、芝加哥市和奥马哈市所参观的保教中心都设计精美，运行平稳，游戏建筑构造合理且充满了自然光，教职员工训练有素。保教模式对儿童非认知能力和识字与算术能力同样重视，这就意味着，在保教中心的孩子们被许多互动式的教育所包围，那种教育会增强其前额皮质并导致执行功能的健康发展。我所参观的幼儿园教室里的环境总是充满了刺激与吸引力，同时却又平静而温暖。在婴儿室里，保育员把宝宝们抱在怀中，摇晃着，跟他们说话，给他们唱歌、读书。保教中心的主管们相信，即使这些孩子家庭状况混乱不堪、充满压力，他们每天在保教中心所感受到的大量响应式关怀也会让他们超越那种不安定可能会带来的不良影响。

保教项目目前正在进行一项长期的随机对照试验，等到试验在接下来的几年后结束之时，也许便能够最终证明项目的有效性。不过，初步的结果已经显示了对保教学生所产生的巨大的弥补差距的效果：如果弱势儿童在一周岁之前进入保教托儿所，到他们上学前班的第一天时，在基本知识和语言理解以及依恋感、主动性和自控力等非认知因素的测试中他们一般都基本上能赶上全国平均水平。保教项目倡导者们认为保教项目的经济效益在于，让那些孩子在学前班赶上其他孩子而不是落在后面，这样就能节省很多不然今后要用于特殊教育、少年管教和社会服务部门的费用，而这些费用会远远多于保教项目的费用。

因为儿童们从这么小的年纪开始就每个星期在保教中心待好多个小时，这个项目很大程度上控制了他们五岁前的发展方向。它很有可能证明这一点，即在严重不良环境中长大的孩子要赶上他们更得天独厚些的同龄人，就需要那种综合的沉浸式的干预措施。但是也有一些幼儿教育专家在试验采取一些不太密集（也便宜一些）的干预措施，想看看是否可以通过用精确对准的方式改变儿童日常生活环境中的某些关键性因素来对他们的发展结果产生巨大影响。举一个例子："我们都是一家人"（All Our Kin）项目目前正在康涅狄格州的三个城市进行，涉及 1500 名儿童，每个孩子每年的费用不到九百美元。"我们都是一家人"之所以效率这么高，是因为它集中精力改善人们在谈及幼儿教育干预措施时差不多总是忽略的那种环境：那种非正式、无执照的儿童保育服务提供者，那么多孩子那么长时间跟他们在一起，而通常他们那里的环境是趣味极小甚至是很危险的。“我们都是一家人”进行了密集的社区外联，招收这些非正式的保育服务提供者们登记加入该集团的“家庭儿童护理网络”，定期为他们提供免费的职业发展培训，每两周派教育专家上门拜访，为他们示范高质量的儿童保育技巧并为他们提供长期的辅导和指导。

保育员们所获得的这些帮助使得他们对自己所照顾的孩子的保育有了很大的改观。数据显示，与城市中其他儿童保育场所相比，该网络中的儿童保育场所对儿童的发展明显地更有助益。我参观了纽黑文的两个“我们都是一家人”保育地点，它们尽管设施都不豪华——两个都在非常贫困的社区中小小的、有些破旧的人家里——但保育场所都很干净明亮，井然有序，有很多书籍、美术用品和玩装扮游戏的玩具。保育员们全神贯注于自己所照顾的幼儿（每个地点只有五六个孩子）——随时准备在孩子们受到挫折或互相间爆发小冲突时提供帮助与再指导，或者就是给他们一个拥抱。

高层次的环境干预措施的另一个例子是“芝加哥入学准备项目”（简称 CSRP），它是由纽约大学的心理学家西布莉·雷弗（Cybele Raver）开发的一个职业发展项目，旨在通过为师生营造更少压力的学校生活而提高低收入家庭儿童在幼儿园课堂上的自律能力。CSRP 的老师们接受课堂管理技巧方面的培训：如何设定清晰的日常活动，如何纠正负面的行为，如何帮助学生管理他们的情绪——全都旨在为学生们提供一种稳定一致的课堂体验。还会有心理保健专业人员被派进课堂，不过他们对老师和学生的心理健康会同样关心。

雷弗把这种方法叫作“双向自我调节模式”。她相信课堂气氛是一种反馈循环的结果。当自控能力受到幼年毒性压力损害的儿童在幼儿园课堂上遇到种种要求时，他们通常要么调皮捣蛋，要么表现出其他方式的不当行为。要是老师们没有受过相关培训，不知道如何应对冲突或处理一个孩子有失控制的压力—反应系统所制造的混乱的话，他们的反应通常会让冲突升级，而那又会激起孩子更进一步的逆反。这样课堂就成了一个充满敌意与愤怒的地方。孩子们感觉受到了威胁，而老师则觉得灰心丧气、精疲力竭，而行为问题则会成为整个学年的主要问题。

不过雷弗断言，反馈循环也可以以相反的方式运行。要是从学年一开始课堂就很稳定可靠，规则清楚，纪律一致，更重视表扬好的行为而不是惩罚不好的行为，学生们将不太可能会觉得受到威胁，而能更好地控制自己较为负面的冲动。孩子们行为上的改进，加上派到班上的心理保健专业人员的支持和建议，能帮助老师在面对着因教育一群精力充沛的四岁小孩而难免会出现的挫折感时保持客观与冷静。

最近的一个CSRP随机试验表明，幼儿园阶段接受CSRP启蒙项目教育的孩子，在学年结束的时候，跟对照组的孩子相比，明显地具有更高的专注力，更能控制自己的冲动，并能更好地完成与执行功能相关的任务。无论从行为层面——安静地坐着、听从指挥、面对干扰保持注意力集中等能力，还是从认知层面来看，孩子们的自控能力都有了明显的提高。尽管为老师们所提供的培训并不包含任何学术内容，但CSRP的孩子们的词汇量更大，字母认读与数学能力也更强。孩子们学业进步的原因很简单，即他们的注意力能够集中在被教的东西上，而不会因冲突与分歧而涣散。改变教室里的环境让他们的学习更容易了。

12 建筑模块

- 在学前班里什么变了（什么没变）
- “那可能就不是你的恒心不够的问题”
- 坚毅与韧性的深层根源

正如我上面提到的，学前班的第一天对我们的教育机构而言是一个重要的标志——在大多数州，那是“幼年”正式结束、公众开始对每个儿童的教育和技能发展负有法律责任的日子。然而实际上，学前班的第一天在孩子的发展历程中并没有什么特别重要的变化发生。他还是同一个孩子，还是受到那些指导了他人生头五年进步的同样的社会环境和心理力量的冲击。当然，孩子们在长大的过程中会发生改变。在幼儿时期至关重要的执行功能的能力会深化并发展成一些更复杂的习惯、思维模式和品格力量。但是那种成长贯穿整个童年时期，有时渐渐发生，有时突如其来，与正式的学习时间表无关。

尽管如此，对大多数孩子来说，学前班的第一天标志着影响并塑造他们成长的环境的一个重要转变。从那一天开始，大多数孩子醒着的时候更多的是在老师而不是父母的照顾之下。这种转变有两个重要的影响。首先，从实际意义上来讲，这意味着如果我们想对处境不利的儿童的环境进行干预，那么对于五岁以上的儿童，要是我们把注意力集中在他们的学校而不是家庭上，我们很可能会发现更多有效的手段。其次，从儿童成长方面来说，这意味着，那些在不良环境中长大、充满压力的孩子们现在有了一个让原来的压力表现并增加的新场所。

对那些成长过程中没有重大不良经历的儿童来说，通往学前班的技能发展过程像它本来应该的那样：婴儿时期与父母和其他照顾者稳定一致的回应式互动创建起了一些神经系统的联系，它们会为一系列健康的注意力和专注力技能打下基础。正如幼年的压力会向发育中的神经系统发送信号令其时刻保持警惕准备应对终生的麻烦一样，幼年感受到的温暖和积极回应会发送相反的信息：你很安全。生活将会很美好。放下戒备吧；你身边的人会保护你、抚育你。对世界保持好奇吧；它充满了迷人的惊喜。这些信号会触发儿童大脑中的适应能力，允许他们放慢速度，更仔细地思考问题与决定，更长时间地集中注意力，更乐意为了长远的利益而放弃眼前的满足。

那些能力，尽管我们并不总认为它们本质上是学习能力，对于取得学前班和以后的学业成功却具有巨大的帮助作用。要是你没有那种稳定而充满回应式关爱的幼年一般会产生的心理倾向，那么向学前班的过渡可能会更加令人担忧，要学会学前班学生按要求必须掌握的东西所面临的挑战会非常之大。这意味着，神经认知功能紊乱会很快变成学习功能障碍。学生们不能按时学会识字，因为他们神经系统中充满了过重的情绪与焦虑，使得他们心烦意乱。当学习材料变得更加复杂时，他们就落在了后面。而当他们落后之时，他们对自己的感觉、对上学的感觉就会更加糟糕。那样就会产生更多的压力，而这些压力又会导致行为问题，行为问题又会引起课堂上的批评与惩罚，批评与惩罚会让他们的压力水平升高，而压力水平一升高，他们就更难以集中注意力——如此循环往复，贯穿整个小学阶段。

或许是因为这些情绪和心理能力的根源在幼年时期，所以许多中小学教育工作者便认为那是父母和幼儿教育工作者的责任。这意味着，当孩子们不具备这些基本技能而进入学前班时，通常没有什么资源可以帮助他们开发那些技能，学校管理者通常不知道如何帮助他们。

往前快进几年，到了那些学生进入初中或者高中的时候，这些执行功能方面的挑战这时在许多老师和学校管理者的眼里就成了“态度”或者动机方面的问题。但是哈佛大学儿童发展中心主任杰克·肖可夫（Jack Shonkoff）指出，那种看法忽视了一些重要的背景。“如果你在幼年时期不是生活在一个充满积极的回应关系、使你免于过度的压力激活的环境中，那么，如果在十年级的数学课上你学习不主动不执着，那可能就不是你的恒心不够的问题，”肖可夫告诉我，“这很大程度上跟集中注意力、工作记忆和认知灵活性等问题有关系。而你因为幼年时期的遭遇可能并没有开发出那些能力。”

一家总部设在纽约名为“为儿童而转变”（Turnaround for Children）的非营利性组织2016年发表的一篇论文将这些幼年时期开发的技能称为“学习的建筑模块”。根据“为儿童而转变”这份由一位名为布鲁克·斯塔福－布里扎（Brooke Stafford-Brizard）的顾问所写的论文，一个孩子要是不先打下执行功能的基础，即开发一种自我认识的能力和人际关系技能，将会很难获得适应力、好奇心和学习韧性等高水平的非认知技能。而那些技能反过来是建立在人生最初几年所构建的诸如安全型依恋、处理压力的能力和自我调节的能力等各种品质的基础之上的。

“当教育者们既不重点开发这些技能和思维模式，也不将它们与学术发展相结合时，学生就既没有参与的工具，也没有学习的语言。”斯塔福－布里扎写道。她补充说，没有那些技能，“他们就不能处理每天收到的大量指令，坚持下去即便不是不可能的，也会变得非常艰难。成绩差距就是这样产生的。”

建筑模块模型目前主要还只是一个理论框架，但是它为教育者和其他关心儿童发展的人们提供了一种考虑教室里的弱势儿童问题的不同而有价值的视角。我们想要初中和高中的学生能够锲而不舍、百折不挠、面对障碍时坚韧不拔，但我们很少停下来思考一下那些技能的深层根源，即每个孩子要开发那些技能所必须采取的步骤。

在接下来的几章中，我将不再描述特定的干预措施，而会更深入地考察肖可夫和斯塔福－布里扎所描述的这个过程。不良幼年生活所导致的神经生物学的适应性究竟是怎样演变成那么多弱势学生在学校里所感受到的社会交往和学习上的挣扎？大多数学校是如何处理那些学生的？有些什么样的替代办法可能会产生更好的结果？

13 惩戒

- “零容忍”的历史
- 哪些学生被暂时停学？为什么？
- 同学停学对未被停学的学生的影响
- 严厉的惩罚为何常常事与愿违

斯塔福－布里扎在其关于建筑模块的论文中写道，曾经处于严重不良环境的孩子在学校里最需要的是“开发那些可能已经受到他们的应激反应影响的技能的机会，这些技能即依恋与连接的能力，调节压力的能力，以及最重要的自我调节的能力”。不过实际上，许多学校和学校系统看着那些在这些方面苦苦挣扎的学生，所想的却是：我们怎么惩戒他们？

他们所看见的不是一个尚未发展出一套健全的自我调节机制的孩子；他们所看见的仅仅是一个有行为问题的孩子。

当儿童和青少年行为不端时，我们通常的直觉是认为他们那样行事是因为他们已经理性地考虑过他们行为的后果，并且以为其不当行为的收益会超过成本。所以，我们的反应通常是力图通过提高他们受到的惩罚来增加行为不端的成本。但是这样做，只有当一个孩子的不良行为是其理性的成本—效益分析的结果时才有意义。而且，实际上，神经生物学研究所提供的主要观点之一是，年轻人的行为，尤其是经历过严重不良处境的年轻人的行为，常常受情绪与心理以及体内荷尔蒙力量的影响，而远非理性的行为。

当然，这并不意味着老师应该原谅或者忽视课堂上的不良行为。但它确实可以解释为什么从长远来看靠严厉的惩罚来激励问题年轻人取得成功常常被证明是不起作用的。它启示我们，学校惩戒方案如果更侧重于创造这样一种课堂气氛，让缺乏自控力的学生能发现发展自控力所需的工具与环境，而不是侧重于实施惩罚，将可能会更有效些。

现在大多数美国学校按照一种惩戒原则在运作，这种原则缘起于 20 世纪八九十年代，当时人们相信，如果对暴力、吸毒和其他导致停学率急剧上升的行为不端采取“零容忍”

态度，学校将会更加安全更加有效。这种倾向在全国大部分地区持续存在。2010 年，全国有超过十分之一的公立高中学生至少被停学过一次。在某些人群中停学率更会高出很多。从全国来看，非洲裔美国学生的停学率是白人学生的三倍。芝加哥市的高中里（他们碰巧有保留得非常好且分析良好的有关停学问题的资料），2013—2014 学年，居住于城市最贫穷社区的学生中有 27% 的人受到过校外停学处罚，而 30% 的人据报告有遭人身虐待或忽视的历史。

芝加哥市的停学处罚中有 60% 是因为一些不涉及暴力甚至也不涉及暴力威胁的违规行为：是因为“藐视学校工作人员，破坏性行为以及违反校纪校规”。记住了建筑模块模型，我们便很容易把那种行为——主要是拒绝做大人告诉你做的事情——看成一种压力—反应系统调节不良的表现，而不是态度不好或者目中无人的品格的表现。在课堂上顶嘴或者捣乱至少在某种程度上是一个孩子不能控制冲动、缓和冲突、控制愤怒和其他强烈情绪的症状——而所有这些自我调节问题通常都能追溯到幼年时期执行功能发展受损。鉴于那种神经生物学背景，很难证明校外停学将会对提高学生的自我调节能力有很大的意义。研究表明，它确实能够做到的是，使得那个学生更有可能学习起来非常困难。最有可能被停学的学生已经是落后生了；在芝加哥，学习成绩位于最低的 GPA 四分位的高中学生被停学的可能性比成绩在最高的四分位的学生高四倍。

尽管对被停学的学生本身来说停学是不利的，但主张停学者却通常将它说成是对留在教室里的学生的有益之举。这种观点认为，没有了那些总是捣乱的学生，教室里会变得更加平静，更有利于有效地学习。但是 2014 年对肯塔基州一个大的城区近一万七千名学生的一项研究发现了相反的情况。在那些学校里面，停学者越多，那些从来没停过学的学生期末考试数学和阅读成绩越低——即使在调整了各项人口指标之后结果依然如此。或许严厉的纪律制度比起捣乱的同学们给那些肯塔基孩子的压力和焦虑还要多。又或许不依赖于将停学作为默认处罚的老师能找到其他办法让不守规矩的学生平静下来，让混乱不堪的课堂恢复秩序与和平。无论是由于什么原因，即便你自己从来没有捣过乱，但置身于一个同学可能被停学的教室里，你也会产生一种不太利于学业成功的氛围。

14 激励

- 行为主义教育方法
- 过了贴纸和比萨派对阶段
- “统计显示经济激励对学生成绩的影响为零”

现在美国很多学校实行的惩戒背后的基本范式——当然也是自20世纪90年代以来占统治地位的零容忍、动辄停学的方法背后的基本范式——是行为主义。行为主义教育方法背后的基本理念是人类能对激励与强化做出反应。如果我们的某种行为得到正强化，我们更有可能多做一些；如果我们受到负强化，我们更有可能少做一点。这种范式在美国教育界占有如此优势，以至于常常好像是不言而喻的。在大多数学校里，每一学年最初几周都专门用来讨论课堂规则：约束与激励，奖励与惩罚，贴纸和比萨派对，留校惩罚和暂时停课。在很多课堂上，这种讨论会持续整个学年，差不多每天都会有。

毫无疑问，行为主义在某种程度上能起作用。至少从短期来看，包括孩子在内，人们对行为规则会做出合适的反应。但是研究者们越来越多地了解到，教育中的奖励和惩罚的效力是有限度的，对于在强烈的压力之下形成其神经系统和心理发展的年轻人而言，简单的奖励制度往往特别不起作用。

在过去十年内，哈佛大学一位年轻的经济学教授罗兰·弗赖尔（Roland Fryer）在美国休斯敦、纽约、芝加哥和其他具有高贫困率学校系统的城市公立学校进行实验，以测试各种激励方案。弗赖尔曾经出钱请家长参加家长—老师会议，出钱请学生读书，出钱请老师提高学生的考试成绩。他曾经给孩子们发过手机以激励他们更努力地学习。他总共分发了数百万美元的奖品和奖金。弗赖尔为激励研究所作的大量工作堪称是美国历史上最大型最彻底的教育实验之一。

然而，几乎在每一种情况下，弗赖尔激励项目的效果都是零。2006 年至 2007 年之间，弗赖尔在纽约市监督与评估了一个由市教育部门和其教师工会所共同管理的项目，该项目给市内一些最薄弱学校的老师们分发了七千五百万美元的现金奖励。四年之后弗赖尔的结论如何？“我既没有发现任何迹象表明对教师的奖励提高了学生的表现、到校率或者毕业率，也没有发现任何迹象表明奖励改变了学生或老师的行为。如果说有什么效果的话，那就是对老师的奖励可能会令学生的成绩下降，在较大的学校尤其如此。”

在 2007 年至 2009 年之间，弗赖尔给芝加哥、达拉斯和纽约市的两万七千名学生分发了总计九百四十万美元的现金奖励，以激励达拉斯的学生读书，激励纽约的学生提高测验分数，激励芝加哥的学生提高课业成绩。同样毫无效果。“我们的激励实验的结果令人惊讶，”弗赖尔报告说，“据统计在每个城市中经济激励对学生成绩的影响都是零。”最后，2010 年至 2011 年间，他在休斯敦给 25 个薄弱的公立学校的五年级学生以及学生的家长和老师发放了一些现金奖励，想要他们增加花在数学作业上的时间并提高他们在标准化数学测试中的分数。尽管这些学生确实完成了获得报酬所必需的任务，但在七个月结束之时，他们的数学测试分数平均来看却根本没有变化，而他们的阅读分数实际上还下降了。

在休斯敦的研究中，当测试分数有一些极小的改善时，也只是限于成绩最好的那些学生，而不是成绩差的学生。在其他激励研究中也出现了类似的差别。西北大学的一位经济学家乔纳森·古里扬（Jonathan Guryan）进行了一项实验，激励学生们夏季读书，希望能提高他们的阅读理解水平。那个夏天学生们读的书越多，他们得到的钱就越多。作为对这种激励的响应，学生们确实多读了几本书，但是他们的阅读理解平均成绩并没有显著提高。跟休斯敦的高分者一样，在古里扬的研究中也是动机最强的那些学生表现出了一些细微的提高的迹象。而那些动机不强、不服管教的学生却根本没有进步，可他们才是这种干预措施的真正目标。

15 动 机

- 内在动机和外在动机
- 是什么使得一个四岁的孩子不想画彩笔画了?
- 自主性、能力和关联性

那么通常针对自觉性差、极度贫困的学生的激励措施为什么看起来不起作用呢?显然，这是一个大问题，远远超出了激励方案这个狭隘的议题。实际上，它让我们回到了本书的中心问题之一：我们如何激励低收入家庭的孩子在学校里更努力地学习并坚持不懈?或者，更深入地挖掘：我们如何激励任何人做任何事?经济学家们考虑那个问题时，倾向于得出一个非常简单的结论：我们通过给他们金钱或者向他们提供其他物质奖励来激励他们。但是经济学家们并不是唯一研究这个问题的学者。心理学家们也花了不少时间思考人类动机的问题，而他们所得出的答案往往比经济学家们默认的解释更微妙得多。

让弗赖尔那类激励研究变得复杂化的严酷事实是，对于在困难的环境中长大的孩子们而言，已经存在着一系列强大的物质激励措施鼓励他们获得良好的教育。一般来说，他们不仅会挣更多钱，而且会有更稳定的家庭，更好的健康状况，被逮捕或者监禁的可能性也会更小。同样地，那些拥有大学学位的人通常会比没有大学学位的人过得好很多。年轻人知道这一点。然而，当涉及许多关键性的会影响他们达到那些教育里程碑的决定时，在不良处境中长大的年轻人通常会做出一些看起来公然违背其自身利益的选择，使得那些目标更加渺茫、更加难以实现。

在心理学领域，一个有助于解释这种明显的自相矛盾现象的重要思想体系是自我决定理论，罗切斯特大学的爱德华·德西（Edward Deci）和理查德·赖安（Richard Ryan）两位心理学教授一生致力于这种理论的研究。德西和赖安于20 世纪 70 年代初步提出了他们的理论，当时心理学史上该领域还主要由行为主义者所主导，后者相信人们的行动完全由他们满足基本生理需要的动机所支配，因此对直接的奖励和惩罚反应非常灵敏。

与之相反，德西和赖安则认为，我们的行动主要不是受物质效益驱使，而是受那些行动所带给我们的内在乐趣和意义所驱使，他们将这种现象称为内在动机。他们区分了人的三种关键的需要——我们的能力需要（competence）、我们的自主需要（autonomy）和我们的关联需要（relatedness），即人际关系需要。他们声称，只有当我们感觉到那些需要得到了满足时，内在动机才能得以维持。

德西和赖安在过去的几十年间进行了一系列实验，共同证实了这一点，即外部奖励——作为弗赖尔研究核心的那种物质刺激——不仅从长远来看在激励人们致力于某事方面往往不起作用，而且在很多情况下其实还会起反作用。丹尼尔·平克（Daniel Pink）在《内驱力》（*Drive*）一书中讲到，在早期的一项著名的研究中，当时还是卡内基·梅隆大学心理学研究生的德西让两组学生完成一些具有挑战性的字谜游戏。第一天，两组都没有因其解谜能力而得到奖励。但是第二天，德西告诉其中的一个小组说他们每完成一个字谜就能得到一美元的奖励。然后，第三天，他告诉第二天得到过奖励的那个小组说他没有钱了，所以第三天他们完成字谜将不会再得到奖励。

在这三天的时间里，从来没有获得过奖励的那一组纯粹因为觉得字谜游戏很有意思、很好玩而慢慢地越来越专注于解题，每天比前一天的解谜速度都更快一点。德西通过一面双向镜偷偷观察他们时发现，尽管没有人在给他们计时或者（他们以为）没有人在观察他们，他们在非工作时间里也一直在玩字谜游戏，想要掌握那些字谜。

但是第二天获得奖励而第三天却没有获得的那一组却展示了不同的行为模式。第二天，他们想要挣钱，不出所料地干得更起劲也更快。但是第三天，当德西离开房间时，他们大多就不理那些游戏了——他们花在玩游戏上的时间不仅比获得奖励的第二天少，也比他们内心喜欢玩这些游戏而并没有考虑什么报酬问题的第一天要少。换句话说，奖励的引入将令人兴奋、富有刺激性的字谜游戏变成了一项工作。谁愿意干得不到报酬的工作呢？

德西和赖安以及其他人在对小学生的实验中验证了这一发现。在斯坦福大学心理学家马克·莱珀（Mark Lepper）进行的一个实验中，一组喜欢画画的幼儿园学童被告知，课程结束时他们要是画了一些画就会得到奖赏——一条蓝绶带和一张证书。两个星期后，跟实验开始之前比，他们明显地对画画不是那么有兴趣了，课余时间也不是那么愿意选择画画了。画画对那些曾经热衷此道的四岁孩子来说已经变成了一项工作，一种只有在结束时能得到一条蓝绶带才值得去做的事情。

德西和赖安关于教育的著作建立在这样一种理论之上，即人类天生爱学习，儿童天生就有创造力和好奇心，“天性驱动那些促进学习与发展的行为”。不过，这种观念由于这样一个事实而变得复杂起来，即学习任何东西，无论是绘画还是编程或者八年级代数，都涉及大量的重复练习，而重复练习通常都是很无聊的。德西和赖安承认，老师每天让学生们完成的许多任务本身并没有什么乐趣，不会给人满足感；只有极少数学生会在背诵乘法表的时候有一种强烈的内在动机。

外在动机在这样一些时刻变得很重要，即当我们不是为了内在的满足感而是为了其他一些结果而必须完成某些行为时。德西和赖安说，当学生们受到鼓励将那些外在动机内化时，他们的动机会变得越来越强大。心理学家就是在这里回到了他们关于人类的三种基本需要的理论：自主需要、能力需要和关联需要。他们说，当教师能够创造一种促进那三种感觉的环境时，学生们所表现出的动机水平就会高得多。

那么一位教师如何创造那种环境呢？德西和赖安解释道，

当老师“尽量让学生意识到是自己的选择和自觉的参与”，尽量减少学生受强迫与控制的情绪时，学生们在课堂上就能感觉到自主性。他们说，当老师给学生一些他们能够胜任但又不是太容易的任务——就是超出他们现有能力一点点的那种挑战时，他们就会觉得自己有能力。当他们觉得老师喜欢他们、重视他们、尊重他们时，他们就会产生一种关联意识。德西和赖安认为，对学生来说，一桌子的金星和蓝绶带也远远比不上那三种感觉更能有效地激励他们。如果老师想要激励学生，他们就需要用能够促进学生那三种感觉的方式调节课堂气氛以及他们与学生的关系。德西和赖安总结说，“能够让学生感受到自主、能力与关联性的课堂环境不仅易于培养学生更多的内在动机，而且能让他们更愿意参与不是那么有趣的学习活动。”

这些动机驱动力对于那些低收入家庭的学生，尤其是对那些因为幼年遭受过毒性压力的侵害而发育受到影响的学生的在校体验能起到更大的作用。当孩子们在学校里遇到无论是学习还是行为方面的困难时，大多数学校的反应不是减少而是加强对他们的控制，这就进一步削弱了他们脆弱的自主意识。当学生在学习上跟不上其他同学时（许多低收入家庭的学生都是这样），他们会越来越觉得自己无能。当他们与老师的关系是小心翼翼的甚或是争争吵吵的时，他们就不太可能感受到德西和赖安所发现的那种能有力地激励年轻人的关联意识。而一旦学生产生那种疏离与脱离感，那就无论多少物质奖励或者惩罚都不能激励他们了，至少就深层次而言或从长远来看是这样。

然而，那些教育大量贫困儿童的学校比其他学校更强调行为主义的办学原则，而不是自我决定的办学原则。这些学校的管理者们为了学校在高风险的标准化测试中展示积极的结果往往承受着最大的压力，而这些学校的老师们对其（通常不服管教、表现不佳的）学生们更自主而可靠地处事的能力是最没有信心的。因此在这些学校中，一方面是学生们非常需要老师帮助他们内化外在动机，另一方面却是课堂气氛往往将他们推向相反的方向：朝外在控制更多而能力感更少、与老师的积极联系更少的方向推。

16 评 估

- 我们如何测量非认知能力?
- 发现那些帮助孩子们参与学习的教育者
- 老师向其学生传达的深层信息是什么?

浏览德西和赖安的教育研究，你很快就会发现，显然他们关于激励作用的讨论与教育工作者们已经开始的关于要具备自控力和坚毅等非认知能力的讨论密切相关。如果我们想要学生们以尽量为未来争取最多机会的方式行事——坚持不懈战胜挑战，延迟享乐，控制冲动——我们就需要考虑什么可以激励他们迈出那艰难的一步又一步。

这个问题让我想起了我以前提出的一个观点：一直以来

我们关于这种新的能力的思考可能全是错的。也许把它们看成类似于学习能力、能用可预测的方式传授与测量并以物质刺激相鼓励，这么想没什么用，而把它们看作跟心理状况一样——是复杂的个人和环境因素的综合作用的产物——更为有用。也许要想让学生们养成积极的学习习惯，最需要的是尽可能多地为他们提供令其有归属感、独立感和成长感的环境——或者，用一些德西和赖安的话来说，能让他们感受到关联、自主与能力的环境。

所以让我们暂时回到仍在继续的关于非认知能力以及如何（和是否）对它们进行界定与测量的讨论中去。你可能会回想起在《品格的力量》或其他地方我之所以侧重于这一系列前人未曾探索过的技能，最初的动力在于，越来越多的证据表明，当涉及高中毕业和大学毕业之类长期的学习目标时，我们现行的教育问责制所依赖的考试成绩显然是不够的。标准化考试的成绩并不是无关紧要的——在高中和大学里学业成绩考试高分的学生一般比低分的学生更成功些——但是那些分数并不如其他测量手段（最显著的是 GPA）那样能预测一个人的成功。研究者发现，从一个高中学生的 GPA（平均学分绩点）中能比从她的 SAT 和 ACT 之类标准化考试成绩更好地预测她大学毕业的可能性。这可能是因为 GPA 所反映的不仅仅是认知能力和学科知识，它也反映了使学生能够在学校里更有效地利用其现有的认知能力的非认知性行为、思维模式和品格。

让那些想要找到一种可靠的测量手段来测量这些新近变得重要起来的技能的人沮丧的是，一个学生的 GPA 并不是一种有效的工具，运用它很难分析与说明使她成功的究竟是什么。而且在教育界如此重视基于经验数据的教学效果考核制的现行政策环境中，如果你对那些技能不能进行清楚的鉴别与测量，就很难说服人们认真地对待它们。

这就使得教育工作者、研究者和政策制定者们都积极地努力用我们对待阅读和数学技能一样的方式对非认知技能进行分析与分类。我们大多数人一致认为，SAT 数学部分能很好地测量一个学生做高中数学题的能力（当然也有人有异议）。但是对于一个学生的坚毅或者责任心或者乐观精神如何，却没有任何一种公认的测量标准。这并没有阻止倡导者们研发那些测量手段的努力——乃至根据它们而认为老师和学校应对学生的表现负责的努力。

与这些努力相关的利害关系正在增加。2013 年，美国教育部同意对统称为 CORE（California Office to Reform Education，即加利福尼亚教育改革办公室）的加利福尼亚八个学校系统的联盟取消“有教无类法案”中狭隘的以考试为本的问责制要求。2016 年春天，这八个地区的学校开始使用一种新的评估体系，其中一种测评以学生的自评报告为基础，自评报告包括自己的成长型思维模式、自信心、自我管理和社会意识。同时，全国各地的官员们都在试图弄清楚该如何应对 2015 年 12 月取代“有教无类法案”的“让每个学生成功法案”，该法案要求每个州提出自己的问责制，其中必须包括至少一项非学术性的测量标准。CORE 被视为其他各州可以效仿的一个榜样。

管理者们所面临的挑战是，CORE 使用的学生的自评报告显然是主观的，如果将来某州决定要老师或校长对开发学生的非认知技能负责——也就是说，如果明年的工资某种程度上取决于增强学生的社会意识——那就可能引诱老师产生影响甚至篡改得分的念头。2015 年，非认知技能领域的两位权威研究者——位于奥斯丁的德克萨斯大学的大卫·伊戈尔（David Yeager）和宾州大学的安吉拉·达克沃斯（Angela Duckworth）——发表了一篇论文，文中调查了各种关于非认知技能的评估工具。（达克沃斯碰巧正是使用最广的坚毅自评方法的创造者。）他们得出的结论是，把一所学校或一个班级的学生和另一所学校或另一个班级的学生相比时，自我评估根本行不通——尤其是在它们被用作问责工具的情况下。

但是有另一种评估学生这些技能的方法值得考虑——这种方法在如何激励困难学生采取更富有成效的行为这个问题上或许可以给我们一些新见解。几年前，西北大学一位名叫吉拉波·杰克逊（Kirabo Jackson）的年轻经济学家决定要调查我们衡量教师效能的方法。他在北卡罗来纳州发现了一个跟踪记录 2005 年至 2011 年之间全州总计 464502 名九年级学生每个人的表现的详细的数据库。该数据所跟踪的不仅是他们九年级的进步，而且包括高中阶段及以后。杰克逊获得了每个学生在全州标准化考试中的成绩，并以此而粗略地衡量他们的认知能力。然后他做了一些新的事情。他利用现有的四种管理数据——学生的考勤、停学、按时升级和总平均绩点数据（overall GPA）——创建了一种关于学生非认知能力的间接测定方法。杰克逊的新指标以相当粗略的形式衡量了学生在学校里的参与度如何——他是否上学了，是否表现不好了，以及他在班上学习努力的程度如何。

令人称奇的是，杰克逊发现这种简单的非认知能力间接测定方法比学生的考试成绩能更好地预测一个学生能否上大学、成年后能挣多少工资以及将来是否会坐牢。此外，杰克逊的间接测定方法还让他对教师效能进行了一些有趣的分析。

他对北卡罗来纳州每一位九年级的英文和代数老师进行了那种经济学家所谓的增值性评价。首先他计算了做某位老师班上的学生是否会以及会怎样影响一个学生的标准化考试成绩。这是现今使用增值性评价的基本测量方法；全国许多个州都在根据类似的测量方法对老师进行评估（有时进行补偿或者解雇）。但是杰克逊向前迈进了一步。他计算了老师对其学生的非认知能力间接测评的影响：对他们的考勤、停学、按时从低一年级升至高一年级以及总平均绩点情况的影响。

他的发现是，有些老师每年都能够切实提高其学生的标准化考试成绩。这些老师在国内现行的每个教师评估体系中都是最受重视与奖励的那些老师。但是杰克逊还发现，另有一群特别的老师，他们能切实提高其学生在非认知能力测评中的表现。如果你被分到了这个群体中的一位老师班上，你更有可能会去上学，更有可能会不被停课，更有可能会升级。而且你的总平均绩点会上升——不只是你在那位老师那门课上的成绩会上升，而且是你其他课上的成绩也都会上升。

杰克逊发现，这两组成功教师不一定有很多重叠；在每个学校里，似乎有某些老师特别善于开发学生的认知能力而另一些老师则擅长开发学生的非认知技能。但是第二组的老师并没有因其在学生身上取得的成功而获得奖励——事实上，似乎除了吉拉波·杰克逊以外并没有人意识到他们成功了。然而据杰克逊计算，那些老师在帮助学生上大学、提高他们未来的薪酬方面比那些更为著名的提高学生考试成绩的老师们所做的贡献更多。

我们从杰克逊的研究中认识到的最明显的事情就是，有那样一些老师，他们正对学生的成功做着重大的贡献，但却没有得到现行教育责任制测量标准的承认。更重要的是，那些测量标准可能正在以某种总体而言对学生不利的方式扭曲教师的行为。如果你是一位真正善于提高学生非认知技能的老师，而另一位老师正因为善于提高学生考试成绩而在颁奖大厅里荣获所有业绩奖励，你可能会受到激励而要去改变自己的做法，尽管事实是你的做法已经在使你的学生更深远地受益。

但是除了这层政策含义之外，在杰克逊的研究中还有一层含义与我们的目的更为相关：有一种非认知技能测量方法比大多数研究者们目前所侧重的方法更富成效，也可能更为有用。我们可以通过测量我们所知的那些非认知技能引起的积极成果来测量它们，而不是努力提出一种新的绝对标准的测量坚毅或自控力或自我效能的工具。

这个结论于是引出了一种更深层次的含义：我们是把这

些品质称为坚毅、自控力、韧性还是执着，或者我们是否把它们界定为品格的力量或者非认知技能或其他别的什么，其实真的都没有什么关系。也许现在至少只用知道这一点就够了，即对于杰克逊所研究的学生来说，每个星期在某种老师的身边待几个小时就改变了一些他的行为举止。那些老师们在课堂上所营造的环境以某种方式帮助那些学生开始做出了更好的决定，而那些决定以有意义的方式改善了他们的生活。

因为我们喜欢用技能之类的话语来谈论学校的表现，所以在考虑这些品质时我们常常默认那种技能开发范式：老师们教授新的非认知技能；学生学习新的非认知技能；那些新的技能导致不同的行为举止。如果那是指导我们思考的范式，那么当然我们会想要知道那些技能究竟是什么，怎么界定它们，怎样精确地测量它们，怎样传授它们。杰克逊的研究显示，在那些课堂上所发生的事情可能实际上并不是学生们获得了什么技能，至少不是传统意义上的获得技能。

因此，这里所说的是一种不同的范式，我们得承认它不精确，但是我认为，它能更准确地表示有效课堂上所发生的事情：老师营造一种气氛，学生响应那种气氛而行为与前有所不同，而那些新的行为会导致成功。学生们学到了什么让他们有不同行为的新技能吗？也许。又或许在这种情况下我们选择称其为“技能”的东西其实只是一种新的思考世界或者他们自己的方式——一组态度、信念或者思维模式，它们以某种方式引发一种新的强有力的行为方式。

不难看出这与我前面所写到的关于养育方式的研究有些类似之处。在 ABC 和 FIND 这样一些项目中，父母教练并不纠结于父母们给他们的婴孩唱哪些特定的童谣、跟他们玩哪种躲猫猫游戏；他们知道，总的来说，重要的是热情而积极回应的、面对面发球与接发球式的养育，而具体的呈现方式可以千姿百态。那样的养育方法，无论如何执行，都会向婴儿传达一些深刻的甚至是超验的关于归属感、安全感、稳定性和他们在这个世界上的位置的信息。而那些模糊而柔情的概念通过精确的神经化学反应在他们的大脑中找到结合点：一个突触的形成，一个树突的修剪，一个 DNA 序列的甲基化作用。所有这些都会直接或者间接地为那个孩子未来在学校的成功做出贡献。

课堂上发生的连锁反应实际上可能与之非常相似。老师向其学生传达一些深层的关于归属感、关联、能力和机遇等问题的信息——通常是含蓄地甚至是难以察觉地。那些信息对一个十岁大孩子的大脑可能不像对一个十个月大孩子的大脑那样会起同样的可测量的神经化学作用，但是它们对学生的心理因而对他们的行为确实会有深远的影响。当孩子们在学校里有了归属感时，当他们从一个相信他们能成功并带着一定程度的同情与尊重对待他们的成年人那里接收到合适的信息时，他们就更有可能去上课，更有可能面对困难的任务时坚持更久，更有可能从容地应对学生学校生活中每天免不了的数不清的小挫折。

正如回应式的养育方式会给幼儿创造一种精神空间，使其得以开始试探性地迈出知识学习的一步步一样，学校老师所传送的合适的信息也会为学生创造一种心理空间，使他能够进行更高深更吃力的学术学习。

17 信 息

- 每所学校关于失败的叙事
- 什么样的课堂环境有助于学生培养坚毅?
- 是变得坚韧不拔还是只是表现出坚韧不拔的精神?

那么那是一些什么信息？一位老师如何将它们传送给学生？这是教育界当前讨论得特别热烈的一个问题，对这个问题进行调查的最重要的学者之一是芝加哥学校研究联合会的卡米尔·法灵顿（Camille Farrington）。法灵顿以前是市中心贫民区的一位高中教师，任教 15 年后离开讲台去位于芝加哥的伊利诺伊大学读了个城市教育政策博士学位。与许多高中教师一样，她对自己一些学生的行为与选择感到迷惑不解。

他们为什么就做不到更始终如一地努力学习从而收获良好教育的益处呢？他们的学习动机为什么好像会以不可捉摸的方式减弱并消散呢？

2006年一开始博士学位的学习，法灵顿就投身到了动机心理学的最新研究中。她研读了德西和赖安关于奖励和刺激的著作。她读了斯坦福大学心理学家卡罗尔·德韦克（Carol Dweck）的著作，卡罗尔发现，学生的动机可以由他们听到的信息推进或削弱，这个信息说的是他们提高自己智力的能力。她读了南加州大学多学科研究者达夫娜·奥伊塞尔曼（Daphna Oyserman）的著作，达夫娜发现学生动机水平的高度取决于其作为一名学生的自我认同意识。在吸收所有这些关于动机的心理学研究著述的同时，法灵顿也在研究相关的社会学文献，如涉及体制结构如何影响个人行为的文献，尤其是教育结构——如学校资助机构、教师合同或种族隔离模式——会如何影响学生走向成功或者失败方面的文献。

法灵顿的研究背景加上她作为一名高度贫困地区教师的经历帮助她在思考学生在学校里所发生的事情时有了不同于别人的见解。“我觉得我总喜欢考虑环境问题，”法灵顿告诉我。对于她所谓的每个学校里都存在的关于成功和失败的“叙事”——学生失败的时候接收到的那些微妙的或者不那么微妙的信息她特别感兴趣。法灵顿认为，失败的时刻是学生们最容易接收关于自己的潜力的信息的时候，无论是肯定的信息还是否定的信息。如果他们听到的信息是一次失败便是对他们能力的最终裁定，那么他们很可能会放弃并从学校退学。但是如果相反，他们所得到的信息是一次失败只是一次暂时的挫折，甚至是一次宝贵的学习与提高的机会，那么那个挫折就更有可能推动他们更多地投身于自己的教育中去。法灵顿相信，这种关于失败的叙事在来自低收入家庭的学生中特别容易引起共鸣，那些学生更有可能对学习环境中失败的可能性产生焦虑或者不自信。

2011 年，法灵顿和芝加哥学校联合会的一组研究人员开始对有关非认知能力及其在教育成功中所起的作用的文献进行全面的综述评论，结果形成了一篇名为“教导青少年成为学习者”的报告。该报告发表于 2012 年 6 月，其中首次将非认知技能——或者如报告所称，“非认知因素”——不是描述成个别儿童可能会以某种方式掌握或者掌握不了的一组互不相干的能力，而是描述成高度取决于儿童学习环境的一组思维模式、习惯和态度。

在当时那样一个大家主要在争论什么是坚毅、如何将其作为一项技能来测量、哪些学生拥有坚毅以及怎样才能最好地传授坚毅这样一些问题的领域里，这是一种新颖的做法。“很少有证据表明直接致力于改变学生的坚毅或耐性会是一种提高他们学习成绩的有效手段，”法灵顿和她的同事们写道，“有些学生比别的学生更有可能坚持完成任务或者表现出自律性，但是如果学校或课堂环境有助于学生养成积极的思维模式和有效的学习策略，所有的学生都更有可能表现出坚毅来。”

那么那些有助于培养坚毅的学校或课堂环境是什么样子的呢？法灵顿认识到，要想回答那个问题，她需要追根溯源并从根本上解构学习过程，从现有的研究中得出一些关于学生成功需要什么的基本事实，然后从那里建立一个框架。

她从一些被公认为对学生来说很好的学习成果——取得好的成绩、高中毕业、获得大学学位——入手。她的结论是，最直接导致那些成果的是这样一些学习行为，如完成课堂作业，作好课前准备，参与课堂讨论，以及最基本的——去上学。做到这些，非常简单，对吧？大多数老师会同意，那些来上学、做家庭作业并参与课堂活动的学生更有可能取得好的成绩。那么人们更想弄清楚的问题是：那些积极的学习行为是由什么引起的？

法灵顿的回答是一种她称为“学习毅力”（academic

perseverance）的品质——长期保持富有成效的学习行为的倾向。法灵顿断言，使具有学习毅力的学生们与众不同的是他们对待失败的有弹性的态度。即便在班上几次考试失败了，他们也会继续努力学习；当他们被复杂的学习材料难住或困惑不解时，他们会寻找新的方法来掌握它，而不是干脆放弃。在法灵顿看来，学习毅力与韧性和自控力以及延迟满足等非认知技能有某些共同的特性。但是法灵顿写道，与心理学家们已经证明基本上长期稳定的那些个性特点不同的是，一个学生的学习毅力高度取决于环境。一个学生可能十年级的时候上学能坚持不懈而十一年级却不行了。他可能在数学课上表现得很有毅力而在历史课上却不行。他甚至可能周二表现得有毅力而周三却不行。

据法灵顿调查研究，并没有证据表明特定的干预措施能改变一个学生固有的坚韧程度，但却有相当多的证据表明学生坚持完成学习任务的倾向与学校和课堂环境的变化有高度的相关性。正如她报告中所言，“研究表明，尽管努力让学生们在生存方式上（如在任何时候任何情况下都会影响他们生活的各个方面的那些行为方式上）变得更为坚韧不拔可能会收效甚微，但学生们确实能够受到影响，在特定的心理状态下，响应特定的课堂气氛，展示出坚韧不拔的行为——如持之以恒地完成学习任务，坚持不懈地将大型的作业完成，而且功课越难越全力以赴。”

这是一种很重要的区别：如果你是一位老师，你可能永远也不能在培养一种被称为“坚毅”的基本品格特征的意义上让你的学生们变得坚韧不拔。但是你却能让他们表现出坚韧不拔的精神——以坚韧不拔的方式行事。法灵顿认为，那才是真正重要的。那些坚韧不拔的行为将有助于产生你（和你的学生以及整个社会）所希望的学习成果。

那么是什么让学生们以坚韧不拔的方式行事的？法灵顿从研究中得出结论说，学习毅力背后的关键因素是学生的学习心态——每个孩子和青少年都具有的态度和自我认知。她从大量的关于学生心态的研究中提炼出了最有助于学生形成在课堂上坚韧不拔的倾向的四种关键的信念：

1. 我属于这个学习团体；
2. 我的能力与技巧随着我的努力而增长；
3. 我能做到这一点；
4. 做这件事对我有益。

法灵顿写道，如果学生身处数学课上而心存这些信念，他们就更有可能在挑战与失败面前坚持不懈。而如果他们没有那些信念，那么他们就更有可能会一遇到一点点困难就放弃。

当然，让问题复杂化的是，在不良环境中长大的学生坐在数学课堂上，可能无论如何都不相信法灵顿所说的那四点。这部分是因为幼年开始的不良环境所造成的神经生物学影响。遭受毒性压力的显著结果之一是产生一种高度活跃的战斗或逃跑机制（fight-or-flight mechanism）。这种机制在一个充满暴力的家庭或者社区中可能是一笔宝贵的财富，但是在七年级的历史课上，它就不是那么有益处了。那些战斗或逃跑的本能不会让学生宽心并让他们产生“我属于这里”这种信念。相反，它们大声发出意思截然相反的警示:“你不属于这里。这是敌人的领地。这个学校里的每一个人都跟你作对。”不仅如此，在不良环境中长大的孩子到上初中或者高中时通常在学习上远远落后于其他同学，而且很有可能有过与学校管理人员冲突的历史。在大部分学校里，这样一些孩子要么被安置在补习班上，要么被再三停学，要么又在补习班上又被再三停学——一个学生无论是在这哪一种情形下，都不可能会觉得“我属于这里”或者“我能做到这一点”。

从法灵顿总结的四种学习心态中我们可以看出其与德西和赖安所提出的三种内在动机——能力动机、自主动机和关联动机——的共鸣。我认为实际上可以将法灵顿和德西与赖安所列各项总结为对学生的成功至关重要的两大类元信息。第一类与归属感有关——让学生感觉到他学校里或者他班上的人都想要他在那里，他是那个特定的学习环境中一个受欢迎的宝贵成员。这种感觉最主要的是取决于他每天在学校里与他人的关系。

如果说第一类元信息与人有关，那么第二类则与学习有关。学生的心态——他们的心理状态——也严重地受到他们每天在学校里进行的学习的影响。学习有没有挑战性？有没有意思？他们努力一点点能不能掌握？当一个学生的功课给他带来了一种他能勉力克服的挑战时，他就有机会体会到德西和赖安所谓的那些能力感和自主感：这不容易，但是我做到了。这些感觉仅靠正面肯定很难让学生获得。

对教育者来说，这个框架表明，当你想要创造一个有利于学生积极心态的环境时，你可以求助于两个最有效的工具箱。第一个工具箱与关系有关：即与你如何对待学生、如何对他们讲话、如何奖励与约束他们有关。第二个工具箱与教学法有关：即与你教什么、你怎么教以及你如何评估你的学生是否已经学会了有关。在接下来的部分中，我会描述一些正在通过改善低收入家庭学生的环境而提高他们的学习成绩的干预措施。有些措施针对关系；其他措施则侧重于教学法。与我们前面所讨论的幼年干预措施一样，它们没有一项是十全十美的。但我还是希望，在如何最好地帮助来自不良环境的学生在学校取得成功这个问题上，它们能共同为我们提供一些大致的参考和一些基本的原则。

18 思维模式

- 我的老师是我的朋友还是我的敌人?
- 一张便条的变革性力量
- 切断“战斗或逃跑”警报

2005 年左右，当大卫·伊戈尔到斯坦福大学上心理学研究生的时候，心理学系里有一些鼎鼎大名的教育心理学权威，其中包括以发现一种被称为“刻板印象威胁”（stereotype threat）的现象而知名的克劳德·斯蒂尔（Claude Steele）和以学生思维模式研究而著称的卡罗尔·德韦克。刻板印象威胁指的是作为某群体成员的个人容易受到关于成绩不如人的成见的影响——比方说，一个工程项目中的女性或者一个常春藤大学里的黑人学生——当他们对自己的身份的焦虑被触发之后，往往会表现不佳。德韦克在心态方面最重要的发现是，各种或明示或暗示的关于学生们拓展与提高自身智力的能力的信息会对他们产生强烈的影响。当他们将这样一种观念内化，即他们的智力是一种抗拒变化的静态资产，他们就会形成一种德韦克所谓的固定型思维，而且往往会回避那些可能会暴露他们所以为的智力缺陷的挑战。相反，当学生们接受的是一种“成长型思维”信息，即智力方面的努力能扩展他们的智力能力，他们就会寻求更大的挑战和更高级的学习。

来斯坦福之前，伊戈尔曾经在塔尔萨一所低收入家庭子女学校教英语，他特别积极地想方设法要将这种创新研究中的一些转化为实践以帮助老师们改善学生的人生。现在，作为位于奥斯丁的德克萨斯大学的一名教授，伊戈尔已经成了探索将教育心理学的发现应用于课堂的领军人物之一。

伊戈尔的大部分研究是在这一前提下进行的，即除了幼年不良环境造成的神经生物学影响以外，在困难的环境中长大往往也会对孩子关于世界的心理表征产生影响。伊戈尔解释道，幼年不良环境会让儿童和青少年更有可能因挫折而自责，更有可能将他人的行为看成是敌意或者偏见，而且更有可能相信，好事即便真的降临了，也很快就会消失。伊戈尔近年来与斯坦福大学教授杰弗里·科恩（Geoffrey Cohen）和格雷格里·沃尔顿（Gregory Walton）合作，一直在研究是否应该以及应该怎样对世界观以那些心理表征为主导的年轻人进行干预。

科恩、沃尔顿和伊戈尔的一系列实验已经显示了那些看似小型的心态干预——观看一个年长的学生讲述他为获得归属感所做的努力的简短视频，或者读一篇从成长心态角度谈大脑发育问题的杂志文章——却具有大大提高遭受刻板印象威胁的学生（包括低收入家庭学生和非裔美籍学生）学习成绩的威力。

这些实验源于20世纪90年代末期科恩在耶鲁大学任助理教授时所开发的一种他称之为明智的干预的方法——简短而克制的互动，旨在消除学生这样一种担心，即他们的老师不是把他们当作个人而是当作一个定型群体的成员来评判的。在课堂上，弱势学生和老师之间的关系常常很紧张，充满了互不信任甚至是敌意。而当一位老师对一个学生的作业进行批评时，问题会变得尤其严重。老师批评学生的作业，这本来是良好教学一个不可或缺的部分，可是由于信任问题，这种事情会让许多弱势学生忧心忡忡：我的老师批评我的作业，是因为他想帮助我提高还是因为他不尊重我？他是我的朋友还是我的敌人？对于那些来自富裕家庭的学生来说，即使万一想到了这个问题，通常也会不屑一顾地耸耸肩：谁在乎老师对我的看法？但是对弱势学生，尤其是那些压力—反应系统受到过幼年不良经历伤害的学生来说，这个问题却会显得重要而紧迫，往往会主导他们的上学体验。

在 2006 年一个里程碑式的实验中，科恩和同事胡里奥·加西亚（Julio Garcia）对新英格兰地区一所城郊中学的一群成绩不好的七年级学生测试了一种旨在打消这种焦虑的明智的干预措施。学生们被指派写一篇文章描写他们个人的英雄。每篇文章都由学生平时的科任老师进行批改，像平常那样在空白处提出问题以及修改意见。

接着，科恩和加西亚随机将这些学生分为对照组和实验组。在每一个学生批改过的作文上，他们贴了一张便利贴大小的便条，便条上面用老师的笔迹写着一句话。对照组学生的便条上写的是“我给你提这些意见，是为了让你得到对你文章的反馈”——一个平淡而自不待言的声明。但是实验组学生的便条却更有意思一些；它利用了科恩的发现，即对于那些可能会为自己的能力或者归属感而焦虑的学生而言，最有效（或“明智”）的干预方法是向他传达一种既对他充满了很高期望又相信他通过努力能达到那种期望的信息。实验组便条上的话明明白白地传达了那两种信息。话写得很简单，“我给你提这些意见，是因为我对你有很高的期望，而且我知道你能达到我的期望。”

学生们拿回了自己附有老师的评语以及便条的文章，然后他们可以选择根据评语修改文章并提高文章得分。班上的白人学生认为老师不会根据其刻板的种族观念来评价他们，收到了写有“很高期望”的便条，有人只是略微修改了一下文章，便条上的话对他们的影响相当小。而实验组和对照组的黑人学生的表现却大相径庭。收到平平淡淡的“你得到对你文章的反馈”便条的黑人学生中，只有 17% 的人修改了文章；而收到“很高的期望”便条的黑人学生中，却有 72% 的人进行了修改。在另一项要求所有学生都修改自己文章的平行研究中，收到“很高的期望”便条的黑人学生比收到平淡普通的“反馈”便条的黑人学生修改后的作文得分均高出两分以上，而作文总分只有 15 分。换句话说，“很高的期望”便条上的信息——记住，只是一个句子——不仅让学生更有可能修改作业，而且让他们更有可能把作文改得更好。

这个值得注意的结果背后的原因是什么？伊戈尔后来在与科恩合作的实验中复制了这个结果，他的理论是，这条信息在关键时刻具有切断学生头脑中叮当作响的“战斗或逃跑”

警报的作用。正当一个学生准备把老师的评语看成是一种威胁、一种老师个人的不喜欢或偏见的标志时，便条上的话给了他另一种看待这些评语的标准——换句话说，把它不是看成批评，而是看成老师对学生能够胜任高质量作业的一种信任投票。

19 关 系

- 拉希德为什么会遭到袭击？他为什么会谈起这事？
- 课堂气氛如何影响考试成绩？
- 真有可能让整所学校发生转变吗？

对伊戈尔来说，要从这个研究中得出的结论，不是老师应该开始在发还给学生的每一份作业上都贴上表达高度期望的便条，而是老师在与那些认为学校是一个充满威胁的地方的学生打交道的时候，有一个重要的潜在性的变革机会，即通过改变彼此沟通的方式来消除那些威胁。对有些学生来说，建立这种信任只需要一个相对较小的语气上的转变。这个便条研究至少能给人这样的启示。不过，对那些由成长环境而导致随时随刻而不是偶尔的高压力下做出战斗或逃跑反应的学生来说，培养一种学校里的归属感和联系感可能需要一种更身临其境式的干预措施。

芝加哥大学的经济学家延斯·路德维希（Jens Ludwig）管理着一个叫作犯罪实验室的研究小组，近些年来他一直和同事们在研究一个名为“成为一个男人”（简称 BAM）的咨询项目，该项目在芝加哥的 49 所中学里运行，其中大多数是低收入社区中的高中。BAM 运用小组讨论和角色扮演练习来帮助学生培养愤怒管理和自我控制能力。那些学生全都是十几岁的男孩子，他们之所以被这个项目选中，是因为他们被认为极具辍学或者违法犯罪的风险，甚或是两种风险都有。路德维希通过一系列随机对照试验对 BAM 进行了评估，证明该项目将参与者参与暴力犯罪的比例降低了 44%，同时还提高了学生的成绩、到校率和预计毕业率。BAM 似乎是通过影响那些往往会被充满压力的童年所削弱的重要心理功能——如克制冲动的能力和成功管理攻击性情绪的能力——而发挥作用。

去年春天，我在芝加哥西城区的一所名叫罗伯特·克莱门特社区学院的高中的课堂上，旁听了一场八名十一年级学生和组长布兰登·贝利斯（Brandon Bailys）关于“成为一个男人”的讨论。这些学生全都是非洲裔或者拉美裔，但是除了这点共性之外，他们就再没有共同之处。一个学生脖子上有帮派文身；另一个懒洋洋地坐在椅子上，长发绺乱七八糟地遮着脸面；另外两个留着改良版哥特发型，正为周末要去参加在迈考密展览中心举办的一场漫画大会而激动。28 岁的贝利斯曾接受过治疗师培训，但他身材矮小结实，精力充沛，看起来更像一个摔跤手。他温和而坚定地领导着这个小组，两年来小组每周都开一次会。

会议以每个小组成员进行“签到”来开始，就是描述一下当天他在生理、智力、精神和情感上有什么感受。然后，是 50 分钟的聊天时间，在这期间贝利斯宽松地引导着谈话围绕这样一个主题，即在思考和决策上该怎样才能“走出盒子”？他们的话题非常广泛，包括关于离开伊利诺伊州去外地上大学会是什么感觉的讨论，以及有关一个小组成员拉希德上周末从奶奶家去一家便利店买彩虹豆的途中遭到两个家伙袭击一事的长时间争论。这些年轻人并不总是看法一致，但是他们互相之间以及和贝利斯之间的那种关联感和信任感却是显而易见的。

会后我跟贝利斯交谈时，他告诉我，我所观察的这个组以及他在克莱门特社区学院所指导的其他四个小组的许多年轻人正在应对严重的创伤经历，其中既有过去的，也有现在的。我们谈完话之后，他就要去校长办公室辅导他所指导的小组里的一名年轻人，这名年轻人为了让自己变得麻木、不再感觉到情感上的痛苦而一直在用火烧、用刀割自己。尽管我参加的这次会议从表面上看像是一场非正式的讨论，但在贝利斯看来这类似于团体治疗。他告诉我，他有时候采用空椅子疗法（治疗过程中一个年轻人对着一把代表他缺席的父亲的空椅子讲话）等完形疗法的策略来帮助那些男孩子处理给他们的人生带来极大影响的“父亲创伤”。

我在前文中曾提到的“为儿童而转变”，就是推出了关于“学习的建筑模块”论文、倡导学校转型的那个非营利组织，也试图解决它所帮助的年轻人身上类似的创伤。“为儿童而转变”目前已与纽约市七所学校、纽瓦克市两所学校和华盛顿特区两所学校签约开展工作，不过它不是用完形疗法的术语，而主要是利用对弱势儿童的生物学效应的科学认识来诊断那些创伤。

根据“为儿童而转变”的研究，高贫困学校的教育工作者面临的许多行为管理挑战，都是由于课堂上存在着两群易起冲突的学生。其中一小群学生因遭受了高强度的毒性压力（可能是儿童期不良经历指数很高）而变得易怒、叛逆和具有破坏性。“为儿童而转变”估计，这个群体在大多数高贫困学校的学生人数中占了10%到15%。第二群学生也经历了不良环境和压力，但是没有达到第一群那样严重的程度。他们不太可能主动惹麻烦，但是当麻烦来临时，他们高度敏感的战斗或逃跑机制很容易被触发。

“为儿童而转变”是由儿童精神病专家帕梅拉·康托尔（Pamela Cantor）创办并经营的。当“为儿童而转变”与某个学校签约开展工作时，其通常由三四个人组成的干预团队首先从那些具有潜在破坏性的学生内心深处的心理需求着手，有时候为他们提供现场咨询和指导，经常推荐他们（一边上学一边）和家人去社区其他地方接受个人或家庭精神健康治疗服务。接下来“为儿童而转变”的员工会将注意力转到整个课堂环境上，指导教师采取一些策略改善学生的课堂体验，从而提高他们的学习成绩。这种工作的原理与“芝加哥入学准备项目”（CSRP）中托儿所老师所接受的指导，甚至和“依恋与生物行为匹配项目”（ABC）和“拍摄互动以促进发展项目”（FIND）中父母接受的辅导不无相同之处。教师则接受行为管理技巧方面的培训，学习减缓冲突而不是激化矛盾的方法以及有助于创造课堂归属感和参与感的策略。

“为儿童而转变”的领导者们现在还没有数据显示这种方法对他们合作的学校产生了什么影响。但是最近由弗吉尼亚大学的心理学教授约瑟夫·艾伦（Joseph Allen）和该校教育学院院长罗伯特·潘恩塔（Robert C. Pianta）所进行的一项研究证实，教师接受如何创造更好的课堂环境的培训能对学生的表现产生相当大的影响。艾伦和潘恩塔对弗吉尼亚州的 78 名中学教师进行了一项随机对照试验。实验组的教师一整个学年被指导使用一种名为“我的教学合作伙伴”的系统。培训的重点是通过专业发展研讨会和电话培训课程指导教师和学生之间的课堂互动；教练向老师传授一些旨在帮助他们营造“积极的感情氛围”并表现出“对学生自主性需要的敏感性”的策略。

接下来的这一年，在弗吉尼亚州相关的评估中，实验组老师班上学生的成绩明显地比其他班级好得多，平均成绩百分位从全州的第 50 位上升到了第 59 位（第 50 个百分位表示有 50% 的学生低于你的成绩）。这个结果就像参与“芝加哥入学准备项目”（CSRP）的四岁孩子发生的变化一样。与 CSRP 实验中一样，弗吉尼亚的老师们也没有接受任何关于如何与学生进行学习方面的交流的培训，而只是学习了如何用一种积极的方式与学生互动。然而，再次出现了这样的结果，即随着他们对学生的态度发生改变，课堂气氛有所改善，学生们的成绩也提高了。

20 教学法

- 老师们放弃控制权之后会发生什么事情?
- 自主项目和学生主持的会议
- 布置要求严格、有深度、有挑战性的作业

“为儿童而转变”最有意思的是，与“成为一个男人”（BAM）不同，它的干预措施不仅介入关系工具箱而且介入教学工具箱，即课堂上进行的实际教学和学习。2015 年春季，我参观了布朗克斯第 45 中学，那是一所高贫困公立学校，“为儿童而转变”已经在该校工作了将近一年的时间。合同期的头几个月，“为儿童而转变”分配给学校的社工把时间花在确定最需要的学生并推荐他们接受心理健康和咨询服务上，

而“为儿童而转变”的教学教练则专注于课堂管理，帮助教师制定与传达明确的期望和规则以及违反这些规则的一致后果，并向他们提供万一发生冲突时能减缓冲突的工具。接下来，一旦学校里出现了一种基本平静的气氛，教练们就把注意力转向了一种促进学生参与学习过程的学习方法，即他们所谓的“共同学习”上——老师讲课的时间少一些、布置的重复性作业少一些；学生花在小组作业上的时间多一些，解决问题、参与讨论以及合作完成长期的创意项目的时间多一些。

“为儿童而转变”的教练告诉我，对许多第 45 中学的老师来说，接受这部分的转变模式比采用新的课堂管理策略更具挑战性。让学生在学习中拥有更多自主权意味着放弃对他们的控制，也就是把课堂的控制权交给他们。而与许多其他高贫困学校的老师一样，第 45 中学的那些老师已经开始相信，对于他们那些具有潜在破坏性的学生来说，要想保持课堂平静有序，唯一的办法只能是由老师强有力地把控课堂。但是经过几个月的专业发展课程、课堂观察和一对一的谈话，“为儿童而转变”的教练终于还是说服了老师们给学生更多的机会感受自主权、更深入地进行自己的学习，而这实际上将会使课堂气氛变得更平静，而不是更疯狂。

不过那个原则很容易就被芝加哥西区的北极星特许学校，

就是我在 2015 年春天参观的另一所学校的老师所接受。北极星特许学校隶属于一个名为“EL 教育”的全国性非营利性组织（该组织去年十月改名之前一直名为“远征学习”）。EL 教育网络一共有 150 多所学校，这些学校代表着各种各样的教学环境：城市和农村，特许学校和传统的公立学校，高贫困学校和中产阶级学校。在 EL 教育网络之内，招收从学前班至八年级学生的北极星学校有一个更弱势的学生群体：该校 91% 的学生有资格享受午餐费用减免，而且学校所在的社区“洪堡公园西社区”暴力犯罪率、失业率和贫困率都很高。

最近几年，我参观了 EL 教育在芝加哥、华盛顿和纽约市的一些学校。EL 模式不断吸引我过去的是，它跟“为儿童而转变”一样，显而易见地利用了我前面所描述的关系与教学法两个工具箱。在关系方面，EL 学校最重要的机构叫作“机组”，那是一个学生的长期讨论和咨询小组。“远征学习”模式是 25 年前由哈佛大学教育研究生院和美国个人户外成长组织共同研发的，个人户外成长组织通过共同征服挑战而树立信心并获得知识的原则仍然是 EL 模式的核心。个人户外成长组织的创始人库尔特·哈恩（Kurt Hahn）以其口号“我们是机组人员，而不是乘客”而闻名，EL 的“机组”传统即得名于这句格言。每个 EL 学生都被分到一个机组，机组成员每天见面半小时左右，讨论对学生来说重要的事情，无论是学习的还是个人的事情。在中学和高中里，这些群体——通常有 10 个或 15 个孩子——成员相对来说比较亲密，学生们一般在同一个机组里面待两年或更长的时间，而每年都由同一个老师带同一个机组。结果，许多 EL 学生会告诉你，他们的机组是他们在学校里最能让他们感受到归属感的地方；对他们中的一些人来说，这是他们最能感受到归属感的地方。

参观北极星学校的那天早晨，我旁听了一位在该校任教已经六年的莫莉·布雷迪（Molly Brady）老师所带领的一个机组的会议。那天是星期一，学生们放了三个星期的假刚回到学校，布雷迪首先让学生们在教室里走一圈，跟身边的人打打招呼、握握手，问问他们假期过得怎么样；学生们用“绿色”“黄色”或“红色”来回答，表示“好”“还可以”或者“很糟糕”。尽管这些孩子比我在克莱门特学院所观察的那些孩子要小五岁，他们的会议却在很多方面让我想起了在克莱门特旁听的那次谈话——礼貌、亲近、随意，话题既涉及日常小事，也不乏“我们如何实现我们的理想”和“当我们离开北极星时，我们该怎么办？”这样的大问题。

布雷迪已经连续带了这个机组三年。会后当我和布雷迪交谈时，她告诉我，这些年来，她对这一群体及其动态有了相当深入的了解，这使她能够根据学生的特殊需要量身定制每一项活动。有一个男孩因为闯进校长办公室而被前一所学校开除，当年刚转到北极星来。布雷迪说，他在北极星表现得比以前好，但显然并没有把以前的烦恼都抛在身后；那天的那轮握手打招呼活动中，只有他一个人（语调平静地）说春假是红色的。布雷迪没有表现出对他的回答的关注，但是把他和另一个她觉得对他的情绪会有帮助的男孩配对，而且在机组人员见面后就和他谈了话，以确定他没有问题。

机组是 EL 策略的核心措施，它为学生提供了一种环绕他们的支持性的关系环境。但是在我看来，EL 方案更重要的因素还是在教学方面，在其独特的教学实践中。北极星和其他 EL 学校的课堂比大多数其他美国公立学校的课堂更有吸引力，互动更多。他们的课堂充满了学生讨论和大大小小的小组活动；老师们会对谈话进行指导，但是花在讲课上的时间比大多数公立学校的老师少得多。EL 的学生要完成很多要求严格的长期项目，经常会根据老师和同学的批评对项目进行广泛而反复的修改。他们经常以小组的形式进行项目协作，一个项目结束时，学生们通常会在全班、全校甚至全社区面前作一个展示报告。另外，学生要尽可能地负责自我评估；每年两次，在出成绩单的时候，家长或其他家庭成员要来到学校参加所谓的“学生主持的会议”，在会上，只有五岁大的学生们也得对他们的父母和老师来讲述他们在过去的这一个学期里所取得的成绩和所作出的努力。

EL 的教学实践和课程设置背后的教育专家是罗恩·伯杰（Ron Berger），该组织的首席学术官。伯杰加入“远征学习”之前在马萨诸塞州的农村当了 25 年的公立学校教师和教育顾问，他显然对那些招收了很多在不良环境中成长的学生的学校，诸如北极星之类抱有一种特殊的感情。我们交谈的时候，他解释说这种特殊的感情源于他自己的童年，他就是在一个混乱而不稳定的家庭里和四个兄弟姐妹一起长大的。他说，那种不良环境造成了严重的损害；他的一些兄弟姐妹成年后面临过并还在面临着它所带来的严重的危机和挑战。他说，因此之故，对于一个不稳定的家庭所带来的压力和创伤会如何扰乱和破坏一个孩子的发展，他深有体会，而且他明白，如果没有正确的干预，孩子们可能永远无法从幼年的挫折中恢复过来。

独立研究表明，“远征学习”学校对学习进步产生了显著的积极影响。数学计算策略研究机构 2013 年的一项研究显示，五所 EL 的城市中学的学生三年后比同类学校同年级学生在数学水平上平均领先了十个月，在阅读水平上平均领先七个月。研究还显示，EL 教育对低收入家庭的学生的积极影响比对其他学生的影响更大。

伯杰对后一个事实并不感到惊讶；他清楚地知道这种模式对在不良环境中成长的孩子会怎样起作用以及为什么会起作用。“当孩子在情感上受到伤害时，他们会以不同的方式将其转化为他们的个人身份认同。”他告诉我，“有些孩子会变得沉默寡言，戒心很重。其他孩子则表面显得很坚强，其实是在学校里装模作样。无论是哪一种情况，这都使得他们不能积极进行课堂活动，不能参与讨论，不能举手回答问题，不能显示在乎自己的学习。它阻碍了任何一种激情或互动。他们不会在学校里冒险，可是如果不冒险的话你就学不会什么。”伯杰了解这些行为，他说，因为他自己小时候就是那样做的。当时他不让学校里任何人知道他家里的情况；他把他的两种生活截然分开。他去上学，他做作业，但是他并不真的在那里。

伯杰说，EL 学校的学生不能像他以前那样躲避了。机组会吸引他们活跃起来，而每天在课堂上他们则被迫与同学和老师互动进行小组讨论和团体项目合作，很快那种互动就开始变得自然起来。去年春天我参观曼哈顿上城的另外一所 EL 学校华盛顿高地远征学习学校（简称 WHEELS）时，我所参观的几乎每一个课堂都进行了一些要求每个学生都参与其中的详尽的讨论或创意项目。在一次七年级的社会科学课上，学生们每四人一组，用变色笔共同制作一张大海报。他们被指派代表 1790 年代宪法辩论中的联邦党人或共和党人，他们在海报上画满了支持他们的政府理念的口号和论据，为全班性的辩论做准备。老师在他们的桌子旁边走来走去，问问问题，提提建议，但是大部分事情都是学生们自行组织完成的。中学生以这样的方式学习美国历史，而且似乎从中获得了真正的乐趣，这种不同寻常的事实让我不由得大吃一惊。

更重要的是，这些学生是纽约市公立学校系统中最弱势的群体之一。WHEELS 所有学生的家庭收入都低于联邦政府的午餐补贴基准线，99% 的学生是拉丁裔或非裔美国人。换句话说，在很多大城市的初中和高中里，他们都是一个被视为行为上爱惹麻烦、学习上会拖后腿的群体。但是，在那天的社会科学课上，他们学习着复杂的材料并且表现得非常好——而且不是因为他们受到了奖励的刺激或者惩罚的威胁，而是因为上学真的很有趣，至少在那个时期是那样的。

EL 学校的老师和管理人员经常谈到品格——他们用这个词语来指称非认知技能。EL 学校的核心前提是，品格不是通过听老师的课或者受老师直接指导而形成的，而是通过自身坚持不懈地完成具有挑战性的学习任务而培养起来的。“你不能仅仅靠告诉孩子们要更有信心或者更自信或者更有理智的勇气而教他们培养品格，”伯杰告诉我。“孩子们是在被迫使与鼓励下不断地冒险之中养成品格的——通过和父母分担自己的工作，通过和团队一起分担工作，通过在课堂上发言，通过展示自己的工作成果。最开始当他们不得不那样做的时候，他们很紧张，他们需要鼓励，他们会哭——但是最后他们会树立信心，他们能做到。造就他们品格的是那些机会。”

在我看来，这是EL学校正在进行的工作中最有创新性的地方。一般而言，当学校试图解决一个充满压力的童年可能对弱势学生造成的影响时，他们求助的第一种——通常也是唯一的一个——工具箱是关系工具箱。远征学习极其深刻地认识到，这些学生固然需要那种因为觉得属于一个深厚而亲密的关系网络之内而产生的归属感和关联感，但是仅有归属感是不够的。要想让一个学生真正受到鼓舞并产生学习积极性，他还必须意识到自己在做重要的事情——要求严格而困难很大的有挑战性的事情。

迎接并克服有意义的学习挑战对于培养卡米尔·法灵顿所谓的“我能做到这一点”和“我的能力与技巧随着我的努力而增长”等其他积极的学术心态至关重要。法灵顿发现，实际上最能让孩子尤其是弱势孩子产生积极心态的是这种经历，即遇到一个你不知道怎么解决的问题，努力想要解决这个问题（通常是在一群同学的帮助或一位老师的鼓励下，或者既有同学的帮助也有老师的鼓励），然后终于把这个问题弄明白了。当学生有机会体验这些时刻时，就不需要别人来用一种抽象的或理论的方式向他们灌输成长心态的观念了。他们会直觉地相信他们的头脑能随着努力与奋斗而成长，而且他们之所以会相信这一点，可能是出于这个最好的原因：因为他们能感觉到这种事情正在发生。

21 挑战

- 大量的基本功训练，解决问题式的练习很少
- 日本人的教学方法
- 美国占主导地位的教学策略
- “应该尽量减少困惑与沮丧”

面对智力挑战而能坚持不懈地努力并取得成功，这种体验对学生来说意义深远——似乎与发球—接发球式互动对婴儿大脑的意义一样深远。它能给学生带来能力感和自主感——德西和赖安所谓的三大内在动机中的两种。然而我们的大多数学校，尤其是教育贫穷孩子的学校的做法却不会让学生们产生那些感受。

2007 年，弗吉尼亚大学的罗伯特·潘恩塔在《科学》杂志上发布了他和一组研究人员对美国公立学校进行的一项大型调查的调查结果，这个调查结果是通过观察全美国 737 个典型的五年级课堂以及另外数百个一年级和三年级课堂一整个教学日的常规教学而得到的。潘恩塔团队的研究人员发现，几乎在他们观察的每一所学校，学生受到的教导都是简单而重复性的，大部分都是让他们没完没了地练习基本功。合作学习和小组教学——“为儿童而转变”一类的教学机构和北极星、WHEELS 之类的学校的核心教学策略——很少，只占课堂时间的 5%，学生们练习或培养诸如批判性思维、深度阅读或解决复杂问题等分析能力的机会也很少。相反，学生的大部分时间都是在听老师讲授基本功或者做有关基本功的练习题。据潘恩塔和其合著者的报告，一般五年级学生受到的基本功方面的指导比解决问题的能力和推理能力方面的指导多四倍；而在一年级和三年级，这两者之间的比例是十比一。

一方面，《科学》杂志这篇报告的作者们发现，即便在主要由中产阶级和中上层阶级家庭学生群体构成的美国学校里教导都是简单而重复性的，另一方面，他们发现，在招收了大量低收入家庭孩子的学校里情况更是糟糕得多。在主要由中上层阶级家庭孩子构成的学校里，学生们发现自己在课堂上受到更有吸引力更有趣教导的可能性与受到简单而重复的教导的可能性差不多一样多（前者有 47% 的学生，后者有 53% 的学生）。但是在主要招收低收入家庭孩子的学校里，几乎所有的孩子（91%）都发现自己受到的课堂教育是简单而无趣的。

需要注意的是，在美国如此普及的这种教育方式并不是不可避免的。在其他国家，课堂教学会看起来相当不同。20 世纪 90 年代，一位名叫詹姆斯·施蒂格勒（James Stigler）的研究者协调过一个巨大的涉及对美国、德国和日本数百名随机挑选的八年级数学老师的课堂进行录像的项目。1999 年，在与詹姆斯·希伯特（James Hiebert）合著《教学差距》（*The Teaching Gap*）一书中，施蒂格勒对其研究进行了总结，他发现，日本数学课的上法几乎总是与美国的很不一样。

在日本，老师们介绍一种新的数学方法时，会通过向学生们展示一个他们从未见过的问题并指导他们自己解决来进行——比如说，像 3/5+1/2 这样分母不同的分数相加。学生们会盯着这个问题看一会儿，抓耳挠腮地思考，有时还因苦思而皱眉蹙额，然后会做出一个通常是错误的回答。

接下来是一系列讨论，有小组讨论，有全班讨论，学生们在讨论中将自己和别人的答案进行比较和对照，为不同的方法而争论与游说。老师则会对讨论进行引导，最终让学生们理解一种新的数学原理（在 3/5+1/2 这种情况下，就是发现最小公分母的原理）。一般正确的答案不是由老师给出，而是由一位学生给出的。对学生来说，整个过程有时候是令人困惑的，偶尔还是令人沮丧的，但重点就在这里。下课的时候，学生们的困惑与沮丧会被一种由新的深刻理解带来的满足感所取代，这种满足感不是由一个无所不知的大人一股脑儿给予的，而完全是通过自己的努力，在某种程度上说是通过与同学们讨论而获得的。

与之相反，施蒂格勒发现，在美国的课堂上，在关于分母不同的分数相加的这一教学单元，一般开始的时候老师会将可靠的解题公式写在头顶上方的投影仪上让学生抄下来、记住并用来解随后的每一道题。接着老师会在投影仪上演示几个例题的解法，而学生们则看着，听着，并将这些问题抄在练习本上。然后，老师会给学生们一系列看起来与老师刚才所演示的例题非常类似的练习让学生来完成。施蒂格勒和希伯特在《教学差距》中说，学生会通过“练习许多遍，一遍比一遍略微难一点点”来记住这些新的程序。美国教师的指导原则似乎是“练习应该尽量没有差错，每一点都要正确。按照这种传统的美国观点，应该尽量减少困惑与沮丧”。

施蒂格勒团队的研究者们录制了数百个小时的录像，这使得他们可以用具体数据来说明这些文化倾向。在日本，学生在数学课上41%的时间还是用于基本练习上——一道一道地刷题，但是他们把44%的时间用于更有创造性的事情：探索新的程序或将熟悉的程序用于不熟悉的材料。美国的课堂则与之相反，学生96%的时间花在重复性的练习之中，而只有不到1%的时间用于钻研新的方法。

美国这种占主导地位的教学策略可以不让美国学生产生日本学生所必须承受的那种令人不舒服的困惑与挣扎之感，但同时却也让美国学生失去了伯杰所说的那种培养品格的机会。这种零容忍的训练方法给弱势孩子传递了与他们产生学习积极性和参与感所需正好相反的心理信息，同样，传统美国教学法中的许多基本方法也与心理研究所告诉我们的能帮助那些孩子取得成功的方法正好相反。

22 深度学习

- 21 世纪美国就业市场的需求
- “从历史上看，深度学习一直是优势阶层所考虑的事情”
- 埃尔姆市预备小学发生了转变

EL 学校中流行的、“为儿童而转变”的教学指导教师在其工作中强调的教学技巧与当今被俗称为“深度学习”的一个较大的教育潮流有关。这个相对较新的运动有时也被称为“以学生为中心的学习”，它源于美国教育思想力求进步的努力，但其化身为现在这种形式，也是基于企业高管和其他商业领袖中那种常见的现代信念，即在美国公立学校体系的历史结构和传统与 21 世纪美国经济的劳动力需求之间隐含着一种重大的灾难性的脱节。我们现行的教学惯例大多数是一个多世纪以前发展起来的，当时公立学校的主要经济目的是培养能快速而可靠地执行重复性的机械或文书工作任务的产业工人。深度学习的倡导者指出，21世纪，就业市场需要一系列非常不同的技能，而当前的教育系统还没有做好相关的准备，不能帮助学生发展这些技能，如团队合作的能力、将自己的想法展示给团队的能力、有效地进行文字表达的能力、深入思考与分析问题的能力、将在一种环境下所获得的信息和技能改造并运用于一种新的陌生的问题与环境的能力等。倡导者们说，要想培养那些技能，学生们就需要在学校里有机会练习它们。而现在，在大多数学校里，学生们没有那样的机会。

因此，深度学习倡导者们提倡探究式教学、项目式学习和表现性评定。所谓探究式学习，即指老师在课堂上常常让学生进行讨论而不是只给他们讲课；所谓项目式学习，指学生花大量时间且通常以小组合作的形式对一些精心设计、可能要数周或数月才能完成的项目进行研究；所谓表现性评定，指对学生的评价主要不是根据他们期末考试的成绩，而是根据他们整个学年的成绩档案、所提交的展示报告、艺术作品和书面作业等。在许多按照深度学习原则运行的学校里，有一种欢迎同学们批评、修改与补订的风气；学生的作业通常会在老师和同学反馈意见的基础上在一个学年之中多次进行修改。深度学习倡导者最基本的信念之一是，这些做法——经常接受批评而一遍一遍地修改作业；坚持不懈地完成长期项目；克服亲身实验所带来的挫败感——不仅会培养学生的学科知识和智力能力，还能培养他们的非认知能力，即卡米尔·法灵顿所谓的学习毅力和其他人所谓的坚毅或者适应力。

有很多人对深度学习运动持怀疑态度，他们最担心的一个问题是，一个训练有素的教育工作者固然能在课堂上让项目式学习得到高效的运用，但一个毫无准备的老师也很容易将它糟蹋掉。学生项目要想做得有价值，需要有严格的计划与精心的支持，并建立在准确的相关信息的基础之上。如果不具备这些条件，项目式学习会像没有卡路里的食品一样成为没有意义的教育：对学生来说只是一些迷人的消遣，却无助于实现增长其知识这一更大的目标。

但是，目前深度学习运动最大的不足之处在于，你在一个富裕社区的学校发现这些理念被运用的机会要比在一个贫穷社区的学校多得多。2014 年，哈佛大学教育学研究生院教授贾尔·梅塔（Jal Mehta）写了一篇很有煽动性的文章发表在《美国教育周刊》网站上，题目叫作《深度学习有一个种族问题》。在文章中他指出了一些令人担忧的问题，不仅有种族方面的，也有社会阶层方面的。“从历史上看，深度学习一直是优势阶层——那些有钱送孩子去最好的私立学校、住在最理想的学区中的人们——考虑的事情，”梅塔写道，“对不同学校间的不平等以及学校内部的跟踪研究都表明，更富裕学校的学生和尖子学生受到的是适合于未来管理阶层的解决问题式的教育，而学习不好的学生和高贫困学校的学生接受的则是与大多数工厂和其他工人阶级的工作相一致的照章办事式的训练。”

梅塔在文章中承认有些不平等是出于供应方面的原因：拥有采用深度学习教学方法的自由与资源的学校，更有可能是那些位于富裕的郊区或者社区里面资金充足的独立学校或者公立学校。但是他认为，造成这种差异的一个重要部分是由于需求方面的原因。许多致力于低收入家庭学生和少数族裔学生教育的人——包括许多学生的家长——都怀疑深度学习法对弱势学生来说不是最好的学习方法。那些怀疑论者（以及其他人）指出，在20世纪60年代和70年代，“项目式教学”曾作为那种让贫穷孩子搭建乐高模型和在涂色书上随意涂抹等做法的一种美称而在一些低收入学校中使用过，而当时城里的富家子弟却在学习如何阅读与做数学题。他们还表示担忧，不具备那种一般得之于家庭与社区的深厚的背景知识和娴熟的技巧的学生首先需要的是增加核心知识，然后才能从一种合作式、项目式的教学方法中受益。

鲍勃·伦茨（Bob Lenz）是远景特许学校网络（Envision Schools net work of charters）的联合创始人。该网络中位于旧金山湾区的四所学校都以项目式教学为核心教学策略，这些学校主要招收低收入黑人家庭学生和拉美裔学生。在2015年出版的《转变学校》（*Transforming Schools*）一书中，伦茨提到了许多人对于深度学习教学方法的适用阶层问题的关注。“当我们描述我们所做的事情时，我们确实遇到了一些怀疑者，”他写道，“人们会说，项目式学习是那些资源充足、准备良好的中上层阶级学生的奢侈品，但是处于成绩差距弱势一方的孩子们在加强其基本技能方面都还得下好多功夫，就不能在项目上面浪费时间了。”伦茨不同意这种看法，“我们还没有遇到过一个因为还没准备好或因为水平太高而不能接受我们倡导的这种表现性评定和项目式教育相结合的教学方法的学生。”

有越来越多的实验证据表明伦茨是对的：如果运用得当，深度学习方法确实能给贫困学生带来明显的收益。正如我前文提到的，远征学习学校在提高低收入家庭学生成绩方面已经取得了显著的成就。远景特许学校的毕业生们进入大学就读的比率很高（不过因为这些学校新建不久，所以我们还只有初步的数据）。2014 年，美国研究学会在加州和纽约的学校进行了一项关于学生表现的研究，结果发现，平均来说，上深度学习式学校对学生的学科知识和标准化考试成绩都有显著的积极影响。（研究涉及的学生中有五分之三来自低收入家庭，而他们和那些来自低收入划界线之上家庭的学生成绩提高的幅度一样大。）

深度学习策略经常被认为是对那种“没有任何借口”的教育思想的一种纠正，这种教育思想与一些最早也最有名的特许学校网络（包括“知识就是力量”项目学校、“杰出学校”和“成就第一”学校等）联系在一起。那些学校主要招收低收入家庭的学生，在标准化考试中其学生成绩常常远远高于其他学校同类学生的成绩，它们强调严格的行为规范，要求学生遵守一套严格的关于着装、课堂坐姿以及走廊行走姿态等的规定，在学校早期尤其如此。在许多那样的学校里，精心设计的奖励与惩罚制度曾经（现在一般仍然）是管理与激励学生的核心策略。

但是最近，那些曾经存在于推行“没有任何借口”教育思想的学校与实行深度学习教学法的学校之间的尖锐的分界线已经开始变得模糊起来。2015 年秋季，“成就第一”网络的创始学校之一康涅狄格州纽黑文市埃尔姆市预备小学对其课程进行了全面的重新设计，其中采纳了许多深度学习的理念和做法，如更为强调体验式学习和学生自主性等。埃尔姆市的学生（其中 86% 有享受午餐费减免资格）现在自己控制学习进度，根据自己的个人兴趣进行学习的情况比以往多得多，在所学习的科目（包括机器人学、舞蹈和跆拳道等日常的增益课程）方面有了更多自主权。埃尔姆市的老师每两个月会带领学生进行一次为期两周的“探险”项目来深入研究一个主题。这些项目有时需要花大量时间在校外参观一个农场、博物馆或历史遗址。

2015 年 12 月当我跟“成就第一”的共同首席执行官和共同创始人达西亚·托尔（Dacia Toll）交谈时，她说埃尔姆市的学校老师和管理者可是好不容易才适应了这个刚进行了几个月的试验。她和她的重新设计团队都深受德西和赖安的动机研究的影响。我们记得，该研究强调三个关键的内在激励因素：自主权、能力和关联性。“对我们这些在‘成就第一’工作的人来说，最难的一点一直是自主权，”托尔说。“过去，我们已经形成了一种倾向，认为我们知道什么对学生是最好的。因此对我们而言，让孩子们自己选择重点学习的对象可以说是一种挑战。”她说，不过到目前为止，这个试验还是很成功的。学生们仍然在接受埃尔姆市出了名的严格教育，但是现在他们更有学习积极性，更充满热情，也更投入。

23 解决方案

- 七百万儿童生活在极度贫困之中
- 支离破碎的体制
- 改变我们的政策，改变我们的做法，改变我们的思维方式

当你参观一个像远征学习或者北极星这样的学校时，你很难不觉得充满了希望，不仅仅是对那里学生的前途充满了希望，也对能更为广泛地运用一种基于逆境科学的新方法来教育低收入家庭儿童的可能性充满了希望。在观察“依恋与生物行为匹配”（ABC）项目的父母教练和“我们都是一家人”（All Our Kin）的儿童保育导师的工作时，我同样感觉到

充满了希望，他们正在耐心地传播一系列关于婴幼儿茁壮成长所需的环境的观念。

但是现实是，我在这本书中所探讨的观点仍然在主流之外，我所描述过的干预措施仍然很少见。在我们这个国家里，大多数为低收入家庭儿童提供服务的幼儿园和学校都没有像教保项目或北极星学校那样去做。我在本书前半部分突出强调的那些幼儿教育机构的工作规模仍然很小，最多只为几千名儿童或者几千个家庭服务。我描述过的那些学校和课堂干预措施只涉及全国极少的一部分贫困孩子，它们正在与那种占主导地位的教育文化进行竞争，主流教育文化很少考虑是否有另一种更好的方式来激励与吸引那些在贫困中长大的孩子们。

今天存在于美国的支持和教育这些孩子的体制已经支离破碎了。目前有 1500 多万美国儿童生活在贫困线以下，其中近 700 万人生活在极度贫困之中，四口之家年收入不足 12000 美元。大多数这些儿童面临的问题是持续而普遍的。据统计，他们可能都生活在混乱而破裂的家庭里面，居住在集中贫困的社区或地区，那里养育孩子的资源很少，却有无数会给他们造成身体或心理伤害甚至身心双重伤害的危险。他们所上的学校可能会按种族和阶级而被分离开来，没有富家子弟所上的学校那么多的资金用于教学，他们的老师可能没有其他学校的老师那么经验丰富和训练有素。

面对如此深重的劣势，我在这篇报告中所描述的干预策略似乎有些不自量力。但是我在本书中所描述的研究清楚地表明干预弱势儿童的生活——给他们提供更好的学校教育，帮助他们的父母给他们更好的家庭支持，或者最理想的是，将这二者进行一定的结合——是我们所能有的最为有效而可行的反贫困对策。当贫穷的孩子所成长的环境具有以下特点时：父母在家对他们进行稳定而回应式的养育，学校能让他们有归属感和使命感，老师在课堂上对他们既有挑战又有支持——他们就会茁壮成长，而他们成功生活的机会会呈指数级增长。

这让我们回到了我在这本书开始时所提出的问题：既然我们知道了这一点，那么我们该怎么办？

我想提出三种解决方案。

首先，我们需要改变政策。不断地为贫困儿童创造帕梅拉·康托尔所谓的“强化环境”将意味着从根本上重新思考和改造许多根深蒂固的体制和做法，如如何为低收入父母提供帮助，如何建立、资助与管理幼儿护理和教育体系，如何培训教师，如何惩戒学生并对学生进行评定以及如何开办学校。这些基本上都是公共政策方面的问题，而要想寻求切实解决弱势儿童问题的办法，各级公职人员——学校教育主管、学校董事会成员、市长、州长和内阁部长们——以及全国的公民个人、社区团体和慈善家们就必须尽心尽力地寻求创造性的方式。我在本书中试图发现一些具体的资助方式和策略方面的变化，我认为它们能更有效地帮助更多的儿童。除了这些具体的建议之外，我对本书更大的期望是它可以为推进我们现在所需要进行的公共政策方面的讨论与争鸣提供一系列指导原则。

其次，我们需要改变做法。为那些在不良环境中成长的孩子创造更好的环境的项目，归根结底是要由一个个个体进行的工作。这就意味着那些整天为低收入家庭的孩子们而工作的教师、导师、社会工作者、教练以及父母们今天、明天和后天就可以采取行动，帮助孩子取得成功，而不用等到大规模的政策变化出台。我希望，从我在本书中所描述的研究可以清楚地看出，儿童的生活轨迹有时会被一些在他们身边的成年人初看起来微不足道、无足轻重的事情所改变，如父母说话的语气，老师在便条上所写的话，一位数学老师组织课堂的方式，一位导师或教练为倾听一个面对挑战的孩子额外付出的时间，等等。那些个人的行动可以带来巨大的转变，而那些个体的转变则可以在全国范围内引起共鸣。

最后，我们需要改变思维方式。当你花时间浏览我在本书中所写的干预研究的时候，很容易便会开始纠缠于样本大小、标准偏重、回归分析等数据的详情。那些数据固然很重要，但是我认为，偶尔想一想那一个个进行这些研究的人也很有用。想想那些走进俄罗斯孤儿院或牙买加贫困社区或芝加哥的中学或皇后区的客厅的医生、心理学家和社会工作者们吧！他们实质上是在传达这样的信息：“我想帮助你们。我认为我们可以做得更好。”

我们可以利用这些研究人员所提供的数据，同样地，我想我们也可以以他们为榜样。他们工作的前提是，如果在你的社区里——或者你的国家——有儿童在受苦，那么你就能做些事情去帮助他们。关于如何才能更好地提供那种帮助，我们还有很多需要学习的东西，这意味着我们需要把那些研究人员正在从事的工作继续下去并真正推广开来。但是与此同时，我们无须确切地了解该做什么其实就能知道我们需要做点什么。

帮助不良环境中的儿童克服困难是一项艰难且通常会很痛苦的工作。它可能会令人沮丧，令人气馁，甚至令人气愤。但是研究表明，它也能带来巨大的不同，不仅为一个个儿童及其家庭的生活带来巨大的转变，也能为我们的社区和整个国家带来巨大的变化。无论这是否是我们所选择的职业，这都是我们大家能做的事情。第一步很简单，就是像那些研究人员们所做的那样接受这个想法：我们能做得更好。

致谢

本书是在市桥基金会（CityBridge Foundation）、乔伊斯基金会（the Joyce Foundation）、莱基斯家庭基金会（the Raikes Family Foundation）、拜纳姆基金会（the Bainum Foundation）和小贝克托尔基金会（the S.D.Bechtel, Jr. Foundation）这五个慈善组织的慷慨支持下写成的。我很感谢这每一个慈善组织及其官员对我的鼓励以及为我所提供的新闻自由。乔伊斯基金会的斯蒂芬妮·班切罗（Stephanie Banchero）是第一个就更深入地研究非认知能力以及它们是如何发展的这一问题与我接触的人。市桥基金会主席凯瑟琳·布莱德利（Katherine Bradley）在我对这个项目的前景只有模糊的概念时给了我宝贵的指导与建议，而且在我为此而工作的整个过程中，她还不断地给我提供深刻的见解和重要的建议。她在市桥基金会的同事阿曼达·尼克尔斯（Amanda

Nichols）、亚瑟·麦基（Arthur McKee）、伯达妮·格拉泽（Bethanie Glaser）和米卡·威克（Mieka Wick）也提供了巨大的帮助。阿曼达聪明而优雅地引领我穿越错综复杂的基金会赞助体系。

当我开始写作本书时，并没有想写成一本书；我最初的想法只是写一份在线报告。我的著作代理人大卫·麦考密克（David McCormick）是第一个将它想象成实体对象的人，经过他长期而艰苦的工作本书才成了现在这个样子。霍顿-米夫林-哈考特出版社负责本书的编辑迪恩·厄尔米（Deanne Urmy）和布鲁斯·尼克尔斯（Bruce Nichols）及其他同事一起打破了图书出版的规则，使我们得以用各种新式或老派的方式出版与发行本书。我感谢他们的合作与支持。

乔尔·洛弗尔（Joel Lovell）同意担任这个项目的编辑让我感到非常幸运。他是一位才华横溢的编辑，也是我的好朋友，他在编辑和其他方面的建议与指导帮助我克服了许多障碍。帕姆·西姆（Pam Shime）是一位优秀的研究者和核查员，也是一位全面创新的思想家，她关于如何以各种形式发行本书的见解让我受益良多。我同样感谢迪伦·格雷夫（Dylan Greif）敏锐的设计感以及创造性地思考如何以几种不同的媒体形式同时呈现本书的能力。我还要感谢肖恩·库珀

（Sean Cooper）眼明心亮地对我的文字进行了认真的修改，感谢安·克拉克（Ann Clarke）为我作专家校对并提出了最后的编辑建议，感谢切尔西·卡迪纳尔（Chelsea Cardinal）为本书所作的漂亮的封面设计。

迈克·皮瑞格（Mike Perigo）从我报道和写作伊始就主动花时间利用他的专业知识为我做顾问与参谋。本书几易其稿，他都认真阅读，他和大卫·伊戈尔（David Yeager）、亚瑟·麦基、乔治亚·福莱特（Georgia Flight）、托马斯·托克（Thomas Toch）、莱嘉·法纳姆（Lija Farnham）、斯蒂芬妮·班切罗、佐伊·施泰姆-卡尔德罗（Zoe Stemm-Calderon）和安·坦（Anh Ton）等诸位本书最早的读者建设性的建议令我受益匪浅。

我要感谢那许多花费了大量的时间和精力帮助我更好地理解他们的工作以及他们的领域中其他人的工作的研究者、科学家和教育工作者们，他们是大卫·伊戈尔、西布莉·雷弗（Cybele Raver）、帕梅拉·康托尔（Pamela Cantor）、希拉·沃克（Sheila Walker）、菲利普·费舍尔（Philip Fisher）、玛丽·多齐尔（Mary Dozier）、克兰西·布莱尔（Clancy Blair）、杰克·肖可夫（Jack Shonkoff）、卡米尔·法灵顿（Camille Farrington）、吉拉波·杰克逊（Kirabo Jackson）、罗恩·伯杰（Ron Berger）、达西亚·托尔（Dacia Toll）和延斯·路德维希（Jens Ludwig）。我还要感谢那些让我观察他们的工作然后又向我解释他们为什么要做他们所做的那些事情的老师、校长和其他从业者们，他们是布雷特·基默尔（Brett Kimmel）、玛格丽塔·普伦萨（Margarita Prensa）、塔拉·古利特（Tara Goulet）、莫莉·布雷迪（Molly Brady）、安·谢克利（Ann Szekely）、杰西卡·塞杰（Jessica Sager）、扬娜·瓦格纳（Janna Wagner）、布兰登·贝利斯（Brandon Bailys）、米歇尔·纳瓦拉（Michelle Navarre）、罗埃尔·维维特（Roel Vivit）和约翰·伍尔夫（John Wolf）。我特别感谢斯蒂芬妮·金（Stephanie King）邀请我进入她家接近她的家人，感谢罗伯特·克莱门特社区学院"成为一个男人"小组的那些欢迎我加入他们讨论环节的年轻人。

本书的大部分内容都是在纽约蒙托克的左手咖啡馆里写成的，我要感谢丹尼（Danny）、达琦娜（Dahiana）和亚尼斯（Yannis）在所有的游客都离开后还继续营业，源源不断地为我端茶上咖啡。

最后，我要感谢艾灵顿（Ellington）和查尔斯（Charles）每天都让我对成长的真正含义有新的认识——让我认识到童年可以既是一种难以忍受的挑战同时又有难以形容的喜悦。

和往常一样，我要向我的妻子保拉（Paula）致以最深挚的感谢，感谢她用自身实例让我明白，即便你终生都不能完全忘怀童年的不幸，但你是可以超越它的，还要感谢她尽心抚育我们的两个儿子，让他们拥有了每个孩子都应该得到的爱与诚。

信息来源说明

本书中所用信息的具体来源，以及本书中用来阐明所描述的许多调查研究的图形和图表等，都可以访问网址paultough.com/helping，在《如何培养孩子的品格》的网络版中找到。

图书在版编目（CIP）数据

如何培养孩子的品格 /（美）保罗·图赫著；冉利华译. — 长沙：湖南教育出版社，2019.1

书名原文：Helping Children Succeed:What Works and Why

ISBN 978-7-5539-6486-7

Ⅰ. ①如… Ⅱ. ①保… ②冉… Ⅲ. ①儿童教育–家庭教育 Ⅳ. ① G782

中国版本图书馆 CIP 数据核字 (2018) 第 250684 号

湖南省版权局著作权合同登记图字：18-2018-313

	Ruhe Peiyang Haizi de Pinge
书　　名	如何培养孩子的品格
责任编辑	陈慧娜　张件元
特约编辑	陈朝阳
出版发行	湖南教育出版社（长沙市韶山北路 443 号）
网　　址	www.bakclass.com
微 信 号	贝壳网教育平台
客　　服	0731-85486979
经　　销	新华书店
印刷装订	河北鹏润印刷有限公司
开　　本	889mm × 1194mm　32 开
印　　张	5
字　　数	70 000
版　　次	2019 年 1 月第 1 版　2019 年 1 月第 1 次印刷
书　　号	ISBN 978-7-5539-6486-7
定　　价	32.80 元